L.K. Weber

Das ABC
der Musiklehre

Einführung
in die Welt der Noten

mit
128 Notenbeispielen
und 19 Übungsaufgaben mit Lösungsteil

MUSIKVERLAG ZIMMERMANN

ZM 19400

Inhalt

Musik ist die Kunst, durch geordnete Verbindung der Töne die Empfindungen einsichtsvoller Menschen zu erregen, deren Organe dafür empfänglich und ausgebildet sind.

Hector Berlioz

Dieses Büchlein will all denen, die sich ernsthaft mit Musik beschäftigen wollen - gleichgültig, ob als «Ausübende» oder als Hörer - einen Weg zur geschriebenen Musik weisen.

«Geschriebene Musik» lesen zu können, ist unabdingbare Voraussetzung für den Instrumentalisten.

«Geschriebene Musik» ist aber auch für den Musikhörer wichtig. Ist doch die Musik als eine in der Zeit ablaufende Kunst immer nur in dem Augenblick existent, in dem sie gerade erklingt. Wer also über den oberflächlichen Höreindruck hinaus in ein Werk eindringen will, muß schon den Notentext zur Hilfe nehmen und in ihm die Struktur der Komposition ablesen.

Die Abschnitte diese Buches wollen Schritt für Schritt in die Musiklehre einführen.

Sichere Beherrschung des vorausgehenden Stoffes ist die Voraussetzung für die Beschäftigung mit einem neuen Abschnitt.

Die am Ende einiger Abschnitte angefügten Übungen können zeigen, ob der neuerarbeitete Stoff beherrscht wird, wenn man die eigene Lösung mit den am Schluß des Buches abgedruckten Auflösungen vergleicht.

Ludwig Karl Weber

3

1. Von der Notenschrift

Jeder Komponist wünscht, daß seine Schöpfungen bei jeder Aufführung seinen Absichten entsprechend erklingen. Das bedeutet, daß die einzelnen Töne eines Musikwerkes in Bezug auf ihre Höhe, ihre Dauer, die Stärke und das Verhältnis zu anderen Tönen immer in gleicher Weise ausgeführt werden sollen.

Um dies zu erreichen bieten sich verschieden Wege an:

Die *mündliche Überlieferung,* bei der das Musikstück mit all seinen Besonderheiten ins Gedächtnis des Musikers aufgenommen und dort bewahrt werden muß.

Dieser Weg birgt mancherlei Gefahren. Nur zu leicht kann es zu unbeabsichtigten «Übermittlungsfehlern» kommen; der Musiker kann für ihn schwierige Stellen absichtlich oder unabsichtlich so verändern, daß sie leichter ausführbar werden, und oft kommt es bei längerer Speicherung im Gedächtnis zu Abweichungen vom ursprünglich aufgenommenen Original, zu «Irrtümern», die sich im Lauf mehrerer Generationen so vermehren können, daß das ursprüngliche Musikstück kaum noch erkennbar ist. Die beträchtlichen Veränderungen, die manche alten Volkslieder während nur weniger Jahrhunderte erfahren haben, legen davon Zeugnis ab.

Schon früh war man sich der Unsicherheit der mündlichen Überlieferung bewußt. Man setzte deshalb über die zu singenden Textsilben Zeichen, die graphisch ungefähr den Verlauf der Melodie angaben.

Diese Zeichen — *Neumen* genannt — waren nicht mehr als eine Gedächtnisstütze, denn sie konnten weder Länge noch Kürze, weder absolute Tonhöhe noch die genauen Abstände benachbarter Töne kennzeichnen.

Deshalb versuchte man sehr bald, eine besondere *Notenschrift* zu entwickeln, die dem Interpreten eine exakte Reproduktion eines musikalischen Werkes ermöglicht.

Mit dieser Notenschrift, die in Mitteleuropa in ihren Anfängen auf das Jahr 900 n. Chr. zurückgeht, wollen wir uns im folgenden beschäftigen, da sie die allgemein übliche und sichere Methode der Aufzeichnung von Musik geworden ist.

2. Wir bestimmen die Tonhöhe

Damit wir Musik aufschreiben können, brauchen wir Zeichen, die für die Musik die gleiche Bedeutung haben wie die Buchstaben für die Dichtkunst. Diese Zeichen nennen wir *Noten*. Um die Höhe eines Tones von den Noten ablesen zu können, schreiben wir diese in ein System von fünf Linien.

Im *Liniensystem* können die Noten stehen:

auf der Linie
(die Notenlinie geht mitten durch die Note hindurch):

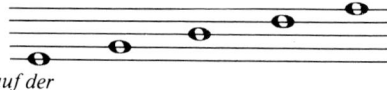

auf der
1.Linie 2.Linie 3.Linie 4.Linie 5.Linie

im Zwischenraum
(die Note steht zwischen zwei Notenlinien):

2. Zwischenraum   4. Zwischenraum

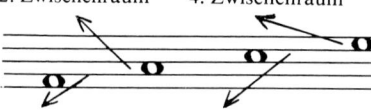

im 1. Zwischenraum   3. Zwischenraum

Das Liniensytem bietet noch zwei Plätze für Noten, die den Zwischenräumen vergleichbar sind:

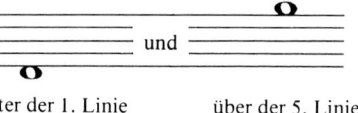

unter der 1. Linie   über der 5. Linie

Wie die Beispiele zeigen, werden Notenlinien und Zwischenräume *immer* von *unten* gezählt.
Je höher eine Note im Liniensystem steht, desto höher ist auch der von ihr bezeichnete Ton.

Da Linien und Zwischenräume sich regelmäßig abwechseln, läßt sich der Abstand der Töne genau bestimmen.

Viele Melodien haben einen Tonumfang, der größer ist als die Zahl der Noten, die im Liniensystem unterzubringen sind. Darum erweist es sich als notwendig, bei Bedarf das Liniensystem zu erweitern.
Diese Erweiterung erfolgt durch kurze Linienstücke, die *Hilfslinien*.
Auf, über und unter diese Hilfslinien können die Noten genau wie in das Liniensystem eingetragen werden.

über dem Liniensystem   auf der   über der   auf der   über der
                              1.Hilfslinie   1.Hilfslinie   2.Hilfslinie   2.Hilfslinie

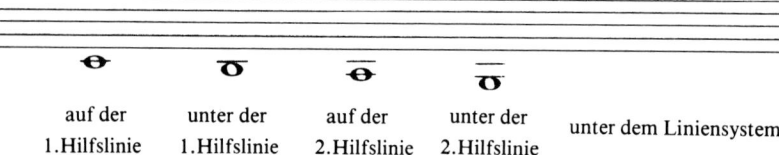

auf der   unter der   auf der   unter der
1.Hilfslinie   1.Hilfslinie   2.Hilfslinie   2.Hilfslinie   unter dem Liniensystem

Zur Übung dieses Abschnittes möge der Leser nachstehende Aufgaben lösen.

Übung 1

a) Schreibe die nach ihrer Stellung im Liniensystem beschriebenen Noten in das darüberstehende Liniensystem

im 1. Zwischenraum	auf der 3. Linie	im 4. Zwischenraum	auf der 1. Linie	über der 5. Linie	im 3. Zwischenraum	auf der 1. Hilfslinie unter dem System	über der 2. Hilfslinie über dem System

b) Bestimme genau den Platz der nachstehenden Noten im Liniensystem und schreibe ihn an die vorgesehene Stelle.

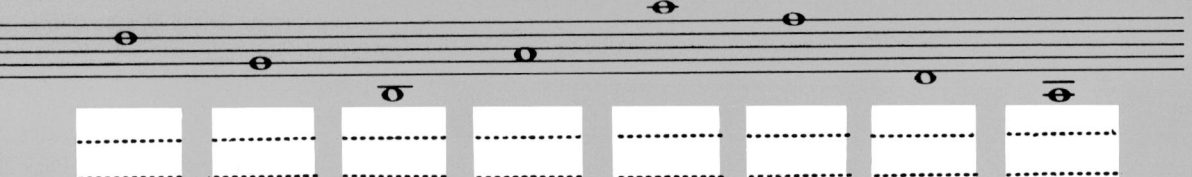

3. Wir bestimmen die Tonlänge

Die Länge der Töne wird durch das unterschiedliche *Aussehen* der Noten dargestellt.

Eine Note kann folgende Teile haben:

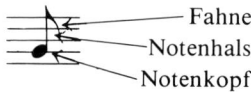

Aus der Kombination dieser Teile ergibt sich ein System verschieden aussehender Noten, in dem jedes Zeichen eine doppelt so lange Tondauer wie das vorausgehende angibt. Die längste Dauer wird durch die *ganze Note* dargestellt.

Jedes weitere Fähnchen bedeutet eine weitere Halbierung des Wertes. Folgen mehrere Noten mit Fähnchen aufeinander, so können sie miteinander durch einen Balken verbunden werden, der die einzelnen Fähnchen ersetzt:

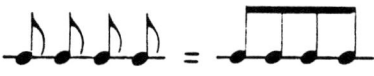

oder

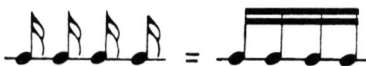

Der Notenhals wird in der unteren Hälfte des Liniensystems, d.h. bis zum zweiten Zwischenraum einschließlich, an die rechte Seite des Notenkopfes *nach oben,* und bei allen höher stehenden Noten an die linke Seite des Notenkopfes *nach unten* gesetzt:

Will man nun die auf diese Weise dargestellten Tonlängen erklingen lassen, so bedarf es eines Maßstabs, an dem man die unterschiedlichen Längen messen kann.

Da sich die Musik in der Zeit abspielt, muß dabei ein *Zeitmaß* Verwendung finden, das die Zeit in gleichmäßige Abschnitte einteilt.

Vorbilder für eine solche gleichmäßige Teilung der Zeit gibt es viele; man denke an das schwingende Pendel einer Uhr, das Tropfen von Wasser oder die Schrittfolge eines Spaziergängers.

Jeder Sänger oder Instrumentalist muß sich beim Musizieren dieser gleichmäßigen Teilung der Zeit bewußt sein, damit er den Tönen die richtige Länge geben kann. Als Maß mag er sich den eigenen Pulsschlag vorstellen.

Um nun ein Musikstück übersichtlich zu gestalten, teilt man es in *Takte* ein, die durch senkrechte *Taktstriche* getrennt werden.

Jeder Takt erhält eine vom Komponisten festgelegte Anzahl von Pulsschlägen, die gleichen Abstand haben.

Man bezeichnet das sich aus den Pulsschlägen ergebende Gerüst gleichmäßiger Abstände auch als das *Metrum*.

Ebenfalls wird vom Komponisten angegeben, welcher Notenwert auf welchen Pulsschlag entfällt.

Beide Angaben stehen als Zahlen am Anfang des Stückes.

z.B. bedeutet:

$\dfrac{4}{4}$ ↗ jeder Takt enthält 4 Pulsschläge
↘ jeder Pulsschlag entspricht einer Viertelnote

oder

$\dfrac{3}{8}$ ↗ jeder Takt enthält 3 Pulsschläge
↘ jeder Pulsschlag entspricht einer Achtelnote

Übung 2

Erkläre die Bezeichnungen:

An den Pulsschlägen kann man nun leicht die Länge der in einem Takt stehenden Noten messen, wenn man die Taktangaben am Anfang des Stückes beachtet:

In diesem Beispiel sind die Pulsschläge (in jedem Takt laut Angabe 4) durch Striche bezeichnet und durch Zahlen gekennzeichnet.

Da auf jeden Schlag eine Viertelnote kommen soll, ergibt sich, daß die halbe Note am Anfang des 1. Taktes zwei Pulsschläge lang erklingen muß,

während von den Achteln im 2. Takt jeweils zwei auf einen Pulsschlag kommen, so daß der Pulsschlag halbierend unterteilt wird.

Hier enthält jeder Takt 3 Pulsschäge mit der Länge einer Achtelnote. Deshalb ist die Viertelnote im 2. Takt hier 2 Pulsschläge lang auszuhalten, während auf den 1. Pulsschlag des 3. Taktes zwei Sechzehntelnoten erklingen müssen.

Übung 3

Sprich möglichst gleichmäßig die in den beiden vorstehenden Beispielen die Pulsschläge bezeichnenden Zahlen 1-4 bzw. 1-3 vor dich hin und klatsche dazu für jede Note in die Hand.

Beachte: Im 1. Beispiel darf für die halbe Note nur einmal während der Zahlen 1 und 2 geklatscht werden, für die ganze Note nur auf die Zahl 1 eines ganzen Taktes.

Entsprechendes gilt für das 2. Beispiel.

Die an den Pulsschlägen gemessene unterschiedliche Länge der Töne ergibt den *Rhythmus*.

Übung 4

Trage in nebenstehenden Beispielen die Striche für die Pulsschläge ein und klatsche die von den Noten gebildeten Rhythmen.

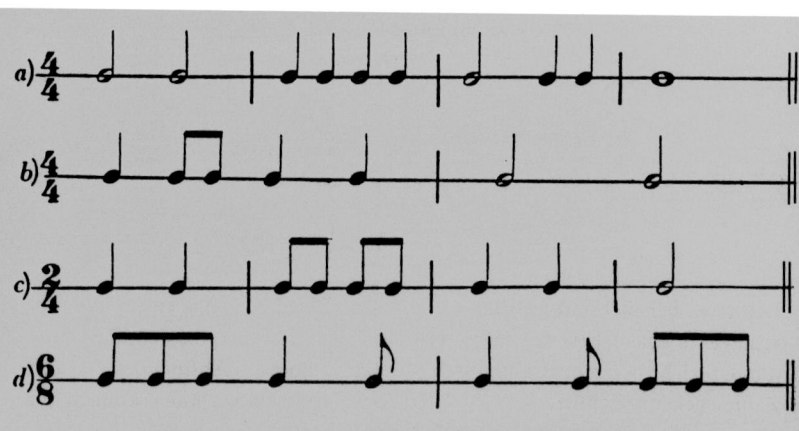

 Ganze Pause (hängt an der 4. Linie)

Halbe Pause (sitzt auf der 3. Linie)

Viertelpause

 Achtelpause

 Sechzehntelpause   usw.

4. Die Pausen

In einem Musikstück kommt es häufig vor, daß während eines oder mehrerer Pulsschläge *nicht* gespielt oder gesungen werden soll.

Um die Zeit, in der keine Töne erklingen sollen, anzugeben, brauchen wir Zeichen, die genau wie die Noten für eine bestimmte Dauer Gültigkeit haben.

Wir nennen diese Zeichen *Pausen*.

Pausen und Noten können in jedem Takt beliebig zusammengestellt werden. Wir müssen aber beachten, daß Noten und Pausenzeichen zusammen nur soviel Pulsschläge ergeben, wie in einem Takt stehen dürfen:

Übung 5

Setze in nebenstehenden Beispielen an den mit x bezeichneten Stellen d i e Pause ein, die den Takt vervollständigt.

5. Wir benennen die Töne

Jeder Ton ist nun genau seiner *Dauer* und der *Höhe* nach darstellbar.

Der Ton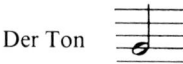

ist der Länge nach eine halbe Note; seine Höhe ist durch die Stellung im Liniensystem «auf der 2. Linie» bestimmt.

Zur Verständigung der Musizierenden untereinander ist jedoch die Beschreibung eines Platzes im Liniensystem eine recht umständliche Methode.

Damit wir uns leichter über einen bestimmten Ton verständigen können, geben wir den Noten und Tönen Namen.

Bei uns werden dazu Buchstaben des Alphabets verwendet, während die romanischen Völker andere Bezeichnungen (Tonsilben: ut, re, mi, fa, ...) benutzen.

Da sich alle Töne in einem bestimmten Abstand wiederholen, was wir erkennen können, wenn Frauen- und Männerstimmen in ihrer natürlichen Lage die gleiche Melodie singen, kommen wir mit sieben Buchstaben aus.

Den Raum bis zur Wiederkehr des gleichen Tons bezeichnen wir als eine *Oktave* (vergleiche dazu Abschnitt 12). Zur Benennung werden die Buchstaben von a bis g verwendet, bei denen allerdings (durch ein geschichtliches Mißverständnis) b durch h ersetzt wurde.

So ist die unserem Notensystem zugrunde liegende Buchstabenfolge:

a - h - c - d - e - f - g - (a)

Tatsächlich war die von diesen Buchstaben bezeichnete Tonfolge in der Zeit der Entstehung unseres Tonsystems das Material, aus dem die Melodien häufig gebildet wurden. Im Laufe der Entwicklung verlagerte sich das Zentrum auf den Ton c, der bis heute Mittelpunkt unseres Tonsystems geblieben ist. So müssen wir obige Buchstabenfolge ändern in:

c - d - e - f - g - a - h - (c)

Diese Buchstabenfolge wird nun *bestimmten* Noten zugeordnet:

An den Anfang des Liniensystems haben wir einen Violin- oder G-Schlüssel geschrieben. Aus diesen Bezeichnungen ergibt sich:

1. Um anzudeuten, daß die oben gezeigte Zuordnung von Noten und Buchstaben als Notennamen gemeint ist, schrieb man ursprünglich einen Kennbuchstaben, das g, in das Liniensystem an den diesem Ton bestimmten Platz:
Daraus entwickelte sich allmählich der heute verwendete Schlüssel.

2. Die Töne, die in diesem Schlüssel niedergeschrieben sind, werden vor allem für die hohen Instrumente (Flöten, Oboen, Klarinetten, Violinen, rechte Hand beim Klavier usw.) benutzt.

Um die Töne gleichen Namens in den verschiedenen Oktaven unterscheiden zu können, werden kleine Striche als Zusätze zu den Buchstaben gesetzt. Die mit dem c auf der 1. Hilfslinie unter dem Liniensystem beginnende Oktave erhält einen solchen Strich bei jedem Buchstaben und heißt daher «eingestrichene Oktave»; jede höhere Oktave erhält einen Strich mehr, die unter der eingestrichenen Oktave stehende erhält keinen Zusatz und heißt — da nur *kleine* Buchstaben verwendet werden — «kleine Oktave».

Jeder, der sich ernsthaft mit Musik beschäftigen will, muß die Reihenfolge der Notennamen, die Kennzeichnung der Oktaven und die Stellung der Töne im Liniensystem sicher beherrschen. Kontrolliere deinen eigenen Stand in der nachfolgenden Übung 6.

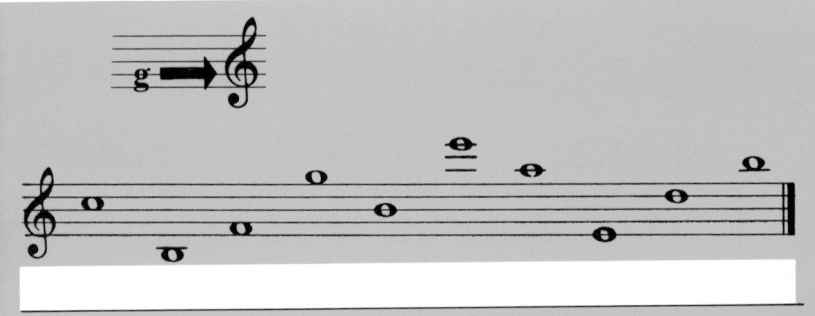

Übung 6

a) Übe auf einem gesonderten Notenblatt das Schreiben des Violinschlüssels.

b) Schreibe unter die nebenstehenden Noten den g e n a u e n Notennamen!

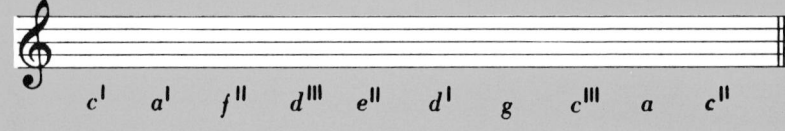

c^I a^I f^{II} d^{III} e^{II} d^I g c^{III} a c^{II}

c) Schreibe über den jeweiligen Notennamen die Note an die richtige Stelle im Liniensystem!

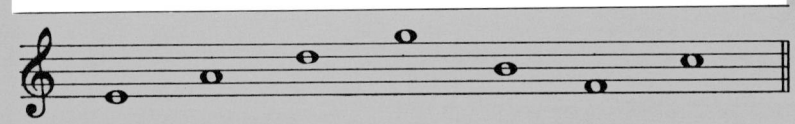

d) Schreibe über jede Note der eingestrichenen Oktave den gleichnamigen Ton der zweigestrichenen Oktave und umgekehrt!

13

6. Der Baßschlüssel

Ein Instrument wie das Violoncello oder das Fagott vermag Töne zu spielen, die wesentlich tiefer liegen, als wir im Violinschlüssel selbst und unter Zuhilfenahme von Hilfslinien notieren können.

Wir müssen deshalb unser Liniensystem nach der Tiefe hin erweitern.

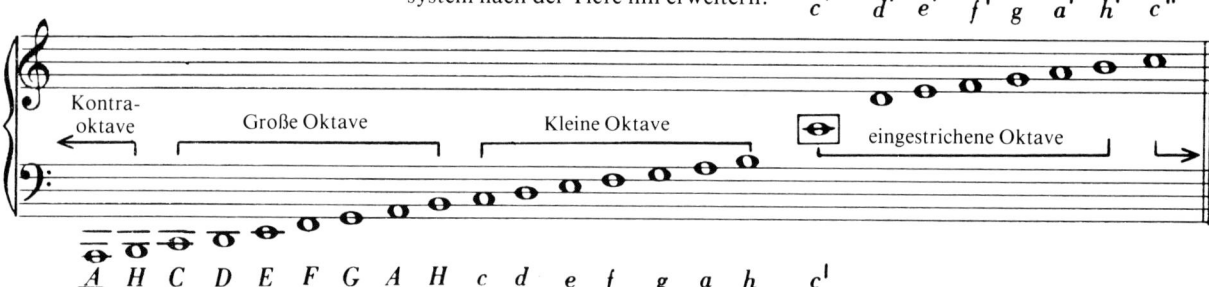

Die Hilfslinie, auf der der Ton c' steht, stellt das Bindeglied zwischen zwei Liniensystemen dar, in denen sich die Töne lückenlos nach der Tiefe hin fortsetzen können.

Um dieses neue, die tiefen Töne aufnehmende System von dem Violinschlüssel zu unterscheiden, wird hier der Baßschlüssel benutzt, der die Lage des Tons f angibt:

Der Baßschlüssel wird deshalb auch als f-Schlüssel bezeichnet.
Zur Benennung der Töne in den tiefen Oktaven müssen nun — wie zu sehen ist — auch Großbuchstaben herangezogen werden («große Oktave»); noch tiefer stehende Töne werden durch einen unterstrichenen Großbuchstaben bezeichnet («Kontraoktave»).

Merke:
das c' steht im *Violinschlüssel* auf der 1. Hilfslinie *unter* dem Liniensystem;
das c' steht im *Baßschlüssel* auf der 1. Hilfslinie *über* dem Liniensystem.

Der Lernende möge sich bemühen, auch die Noten im Baßschlüssel sicher zu beherrschen.

Kontrolliere den Erfolg in der folgenden Übung:

*a) Schreibe die nachstehend angegebe-
nen Töne auf bzw. bestimme den
Namen der Noten.*

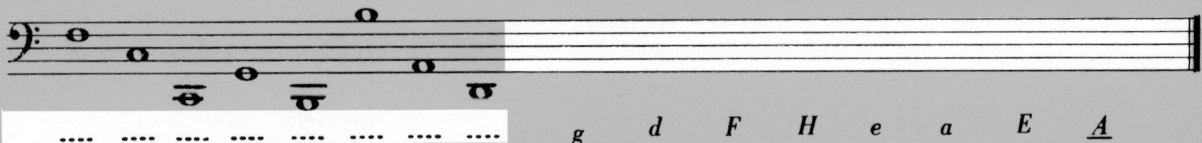

g   d   F   H   e   a   E   <u>A</u>

*b) Übertrage die im Violinschlüssel
notierte Melodie so in den Baßschlüssel, daß sie genau eine Oktave
tiefer steht.*

15

7. Von weiteren Schlüsseln

Bei der Viola oder Bratsche sind die Saiten auf die Töne c, g, d' und a' gestimmt. Daraus ergibt sich, daß bei Notation im Violinschlüssel sehr viele Hilfslinien unter dem Liniensystem, bei der Verwendung des Baßschlüssels noch mehr Hilfslinien darüber notwendig wären.

Viele Hilfslinien erschweren aber die Übersicht.

Deshalb verwendet man für dieses Instrument einen Schlüssel, der die Lage des Tons c' angibt.

Dieses c' erhält seinen Platz im Liniensystem auf der mittleren Linie. Dann ergibt sich:

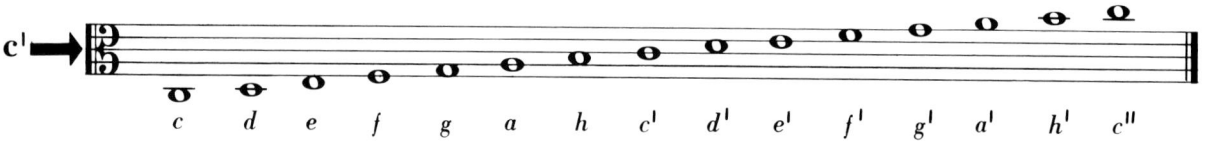

Es ist zu ersehen, daß sich nun die Verwendung der Hilfslinien in den üblichen Grenzen hält.

Da dieser Schlüssel früher für die Altstimme des Chores benutzt wurde, heißt er *Altschlüssel*.

Ein ähnlicher Schlüssel, der auch die Lage des c' angibt, ist der *Tenorschlüssel*. Er wird gelegentlich für hohe Töne des Violoncello oder Fagott benutzt. Bei ihm liegt das c' auf der 4. Linie:

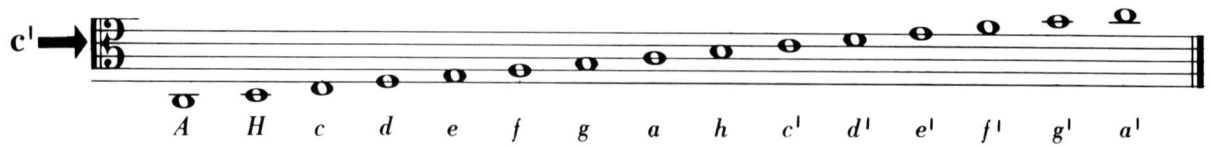

Ausgerüstet mit den in den vergange-
nen Abschnitten erworbenen Kennt-
nissen können wir nun ein Lied in Noten aufschreiben:

Hört Ihr Herrn und laßt Euch sa — gen, uns — re Glock hat zehn ge — schla — gen.

Zehn Ge — bo — te setzt Gott ein, gib, daß wir ge — hor — sam sein.

Dieses Lied, wie jede andere Melodie,
verwendet aus dem großen Vorrat an
Tönen, den wir kennen, nur einen
kleinen Auschnitt.

Ordnen wir die in obigem Lied vorkommenden Töne der Höhe nach, so
ergibt sich eine Folge benachbarter
Töne, die von c' bis c'' reicht.

Diese Töne entsprechen den weißen
Tasten auf dem Klavier. Wenn wir
nun das Notenbild unserer Tonreihe
mit dem Bild einer Tastatur verbinden, sieht das so aus:

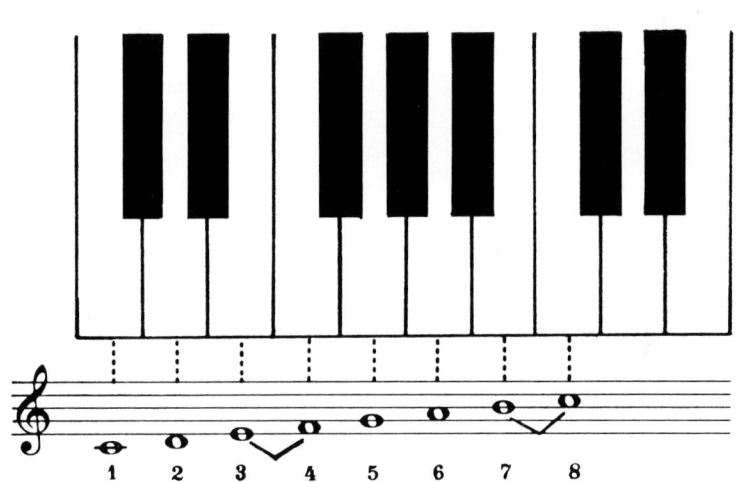

Wir können dem Bild entnehmen, daß
an zwei Stellen unserer Notenreihe
(durch ∧ gekennzeichnet) zwei weiße
Tasten unmittelbar aufeinanderfol-
gen, während zwischen allen anderen
jeweils eine schwarze Taste eingescho-
ben ist. Da jede schwarze Taste einen

eigenen Ton hervorbringt, muß der
Abstand an den beiden gekennzeich-
neten Stellen nur halb so groß sein wie
an allen anderen.

Wir können also die Regel aufstellen,
daß der Abstand zwischen dem 3. und

17

4. sowie dem 7. und 8. Ton unserer Tonreihe ein *Halbtonschritt* ist, während zwischen allen anderen Tönen ein *Ganztonschritt* (= 2 Halbtonschritte) liegt.

Die Tonreihe, die wir gebildet haben, nennen wir eine *Tonleiter*.

Sie erhält ihren Namen nach dem Anfangston der Reihe, dem *Grundton*.

Jede Tonleiter besteht aus Ganz- und Halbtonschritten, die immer in gleicher Weise angeordnet sind. *Stets* liegt von der 3. zur 4. und von der 7. zur 8. Stufe der Leiter ein *Halbtonschritt*.

Zwischen allen anderen Stufen liegen Ganztonschritte (= 2 Halbtonschritte). Durch diese Anordnung besteht jede Tonleiter aus zwei Viertonreihen (Viertonreihe = *Tetrachord*), die einen Ganzton Abstand voneinander haben. Innerhalb der Tetrachorde haben die Töne gleiche Abstände; der Halbtonschritt liegt an letzter Stelle. Singen wir die Tonleiter bis zum 7. Ton, so merken wir, daß man auf diesem Ton unmöglich aufhören kann; es drängt uns, bis zum 8. Ton weiterzusingen. Diese Spannung zum ersten Ton hin, hat ihre Ursache in dem Halbtonschritt.

Man nennt den 7. Ton *Leitton*, weil er zum folgenden Grundton «hinleitet»:

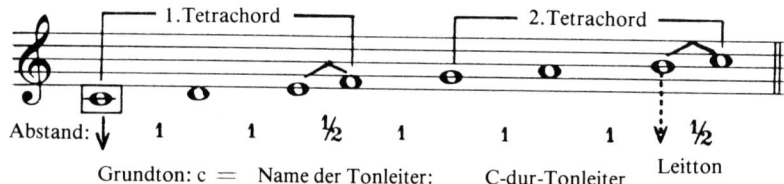

Grundton: c = Name der Tonleiter: C-dur-Tonleiter

Durch den Zusatz *Dur* im Namen der Tonleiter bestätigen wir, daß der hier beschriebene Aufbau vorliegt, und wir heben diese Tonleiter von den *Moll*-Tonleitern ab, die einen anderen Aufbau haben (vergleiche Abschnitt 18).

Je nach Stimmlage des Sängers kann es sich als günstig erweisen, das zu singende Lied mit einem höheren oder tieferen Ton beginnen zu lassen. Das Verhältnis aller Melodietöne zueinander muß dann unverändert bleiben, damit man die Melodie auch wiedererkennen kann.

Das bedeutet aber, daß die Töne einer neuen Leiter (d.h. einer Dur-Tonleiter mit einem anderen Grundton) entnommen sein müssen:

9. Über weitere Tonarten

Wenn unser Lied in dieser Form notiert ist, heißt der Grundton nicht mehr c, sondern f.

Die Töne des Liedes müssen jetzt also aus einer Leiter mit dem Grundton f stammen.

Verwenden wir zu ihrem Aufbau nur die aus der C-Leiter bekannten Töne, so stimmt zunächst der Abstand vom 3. zum 4. Ton nicht. Wie wir aus der C-Leiter wissen, ist der Abstand a — h ein Ganzton; er darf hier aber nur ein Halbtonschritt sein:

Tatsächliche Halbtonschritte

Erforderliche Halbtonschritte

Der Abstand vom 3. zum 4. Ton muß also um einen Halbtonschritt *kleiner* werden. Das ist, wie unser Tastenbild (siehe Seite 17) zeigt, dadurch möglich, daß wir auf die unterhalb des 4. Tons h liegende schwarze Taste ausweichen.

Wie aber schreiben wir diesen Ton? Da a und h bereits die nebeneinanderliegenden Plätze im Liniensystem besetzt haben, gibt es keine Möglichkeit, dem neuen Ton einen eigenen Platz im Liniensystem zu geben. Um anzuzeigen, daß nicht h, sondern das um einen Halbtonschritt erniedrigte h gespielt werden soll, wird vor die Note h ein Zeichen ♭ (sprich: be) gesetzt, und, um auch in der Benennung die Veränderung deutlich zu machen, nennen wir den erniedrigten Ton «b»:

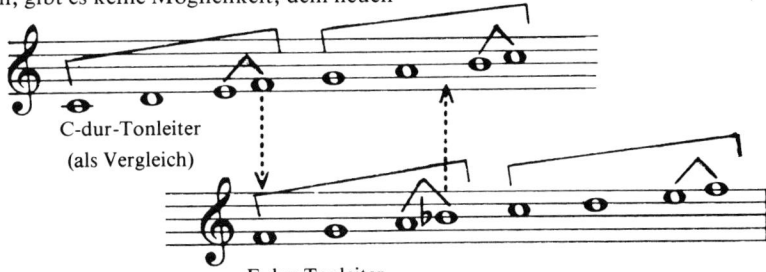

C-dur-Tonleiter
(als Vergleich)

F-dur-Tonleiter

Da in einem Lied oder Musikstück, das seine Töne aus der F-Leiter nimmt, das — wie man sagt — in F- dur steht, in der Regel immer der Ton b anstelle des h erscheint, schreibt man das Vorzeichen ♭ an den Anfang jeder Zeile auf die 3. Linie; es erniedrigt dann *alle* vorkommenden Töne h zu b, gleichgültig in welcher Oktavlage sie stehen.

Das ♭ hinter dem Schlüssel am Anfang der Zeile ist also ein Kennzeichen der Tonart F-dur.

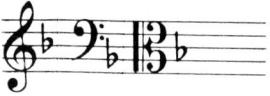

Wollen wir unser Lied noch einen Ton höher singen, so müssen wir eine Leiter mit dem Grundton g zugrunde legen.

Benutzen wir auch hier zunächst nur Töne der C-Leiter, so ergibt sich:

Wir stellen fest, daß der 1. Halbtonschritt an der richtigen Stelle sitzt. Zwischen dem 6. und 7. Ton liegt aber wie in der C-Leiter ein Halbtonschritt, obwohl vom Aufbau der Leiter her ein Ganztonschritt nötig wäre. Der Abstand des f zum vorausgehenden e muß also, wenn die Leiter dem Grundmodell entsprechen soll, um einen Halbtonschritt *größer* gemacht werden.

Um diese Veränderung herbeizuführen, setzt man ein anderes Vorzeichen, ein Kreuz (♯), vor die Note f :

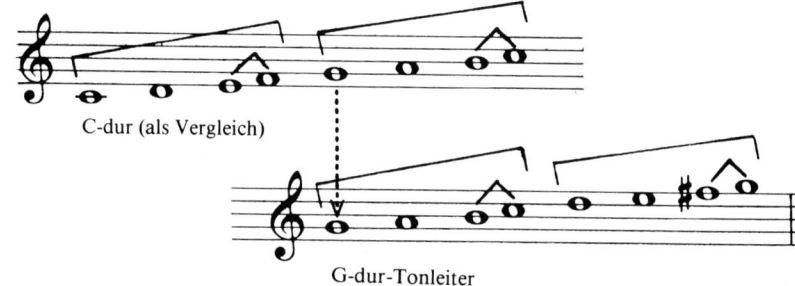

C-dur (als Vergleich)

G-dur-Tonleiter

Um zu zeigen, daß der neue Ton ein erhöhtes f ist, hängen wir an dessen Namen die Silbe «-is» an; aus f wird also «fis».

Auch in der G-dur-Leiter wird das Kreuz an den Anfang der Reihe geschrieben; dadurch werden alle f zu fis.

10. Veränderungen der Töne durch Vorzeichen

Bei der Erklärung der F- und G-dur-Tonleitern haben wir die Erhöhung des f zu fis und die Erniedrigung des h zu b kennengelernt.

Die dafür verwendeten Vorzeichen können auch für alle anderen Töne Verwendung finden.

Das Kreuz (♯) erhöht den Ton, vor dem es steht, um einen Halbtonschritt.

Seinen Namen erhält der erhöhte Ton, indem an den Namen des Ausgangstones die Silbe «-is» angehängt wird.

Das ♭ -Vorzeichen erniedrigt den Ton, vor dem es steht, um einen Halbtonschritt.

Der Name des erniedrigten Tones entsteht durch Anhängen eines «-s» bzw. «-es» an den Namen der Ausgangsnote. Eine Ausnahme macht der schon besprochene Ton h, der zu «b» erniedrigt wird.

Die Wirkung der Vor- oder Versetzungszeichen ♯ oder ♭ kann durch ein Auflösungszeichen ♮ wieder aufgehoben werden. Das wird vor allem dann notwendig sein, wenn in einer Melodie vorübergehend Veränderungen von Tönen durch Versetzungszeichen vorgenommen werden, die nicht typisch für die Tonart sind. Für solche zusätzlichen Erhöhungen oder Erniedrigungen wird das Vorzeichen direkt vor die betroffene Note gesetzt. Sie gilt dann *nur* für *diese* Note, nicht für die Oktavversetzungen des bezeichneten Tones.

Sie gilt auch nur für den Takt in dem die steht; *nicht* mehr für den nachfolgenden. Soll ein zusätzliches Versetzungszeichen auch im folgenden Takt gelten, so muß es dort wiederholt werden.

Übung 8

a) Schreibe folgende Töne als Noten auf, ohne die vorstehende Tabelle zu benutzen! (Tabelle bitte abdecken!)

es¹ gis‖ des‖ ais¹ dis¹ fis¹ as‖ cis‖ ges¹ b

b) Bestimme den Namen der folgenden Töne! (Auch hierbei die Tabelle abdecken!)

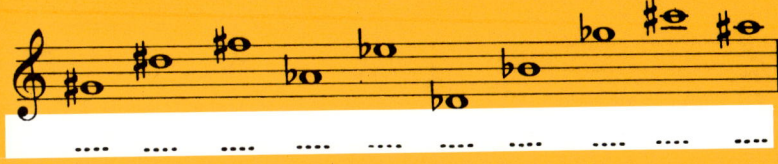

....

Die Gegenüberstellung von Noten und Tastenbild zeigt: Jede schwarze Taste
kann die Erhöhung des vorausgehenden oder die Erniedrigung des nächsten
Tones sein.

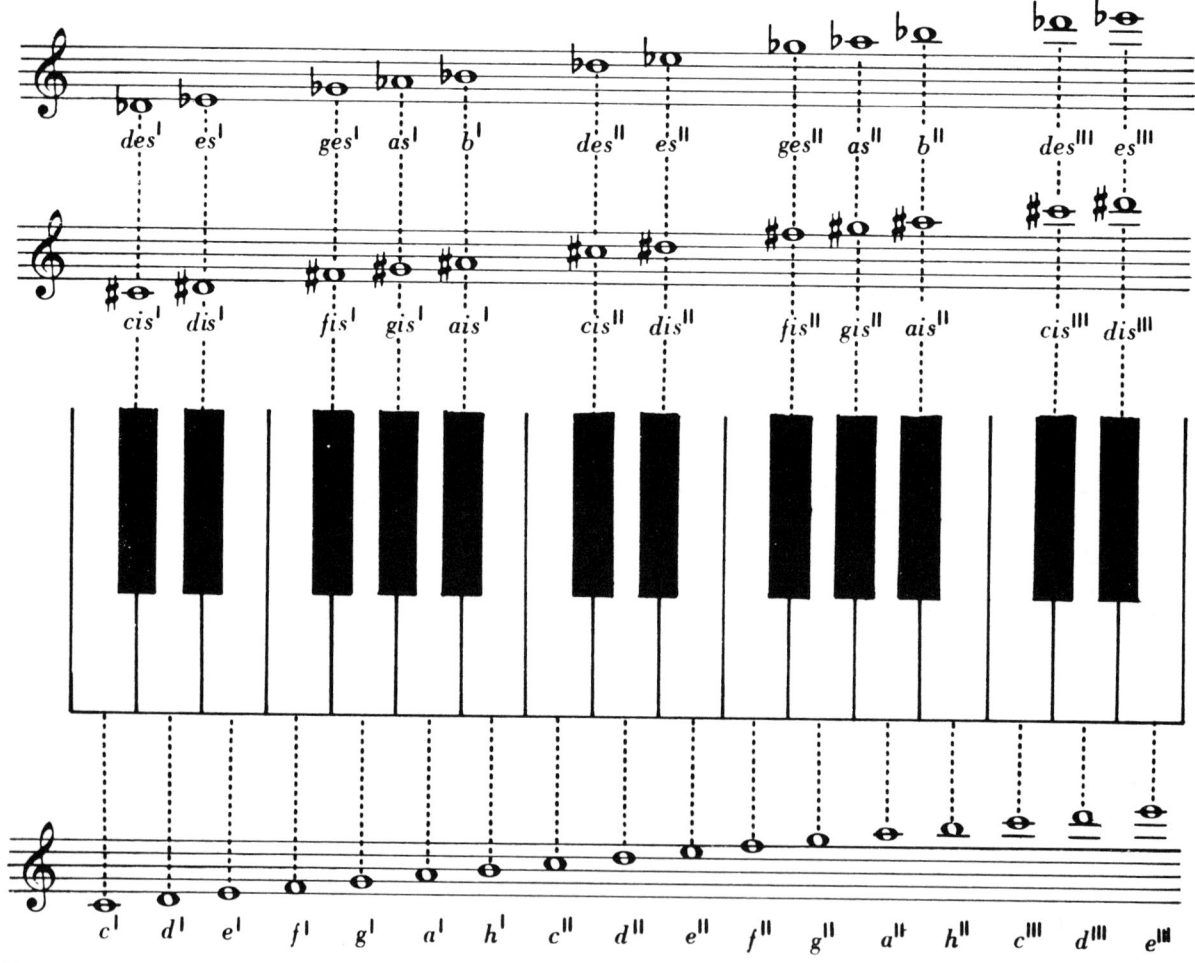

Fügen wir nun alle uns bekannten Töne lückenlos aneinander, so ergibt sich eine Leiter, in der die Töne jeweils einen Halbtonschritt Abstand haben.

Wir nennen sie die *chromatische* Leiter:

11. Die chromatische Tonleiter

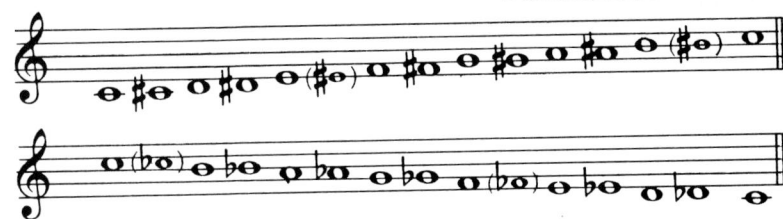

Schon bei der Betrachtung der Tonleiter ist uns klar geworden, daß bestimmte Abstände der Töne eine große Rolle spielen. Sehen wir uns nun unser Lied «Hört ihr Herrn und laßt euch sagen» (siehe Seite 17) an, so erkennen wir, daß die Eigenart der Melodie durch die charakteristischen Abstände der Töne bestimmt wird; die Stellung der Noten im Liniensystem zeigt uns z.B.:

— daß in den ersten vier Takten immer zwei Töne auf gleicher Höhe stehen,
— daß sich nach jedem Paar gleicher Töne die Tonhöhe ändert,
— daß ein größerer Sprung notwendig ist, um vom ersten Tonpaar aus das zweite zu erreichen,
— daß der Sprung zum ersten Ton des dritten Taktes größer ist als der zum zweiten Tonpaar des ersten Taktes.

12. Die Abstände der Töne

Der Abstand zwischen zwei Tönen, gleichgültig, ob sie nacheinander oder gleichzeitig erklingen, nennt man ein *Intervall*:

Vom Anfangston aus der Bezeichnung:

Kennzahl:

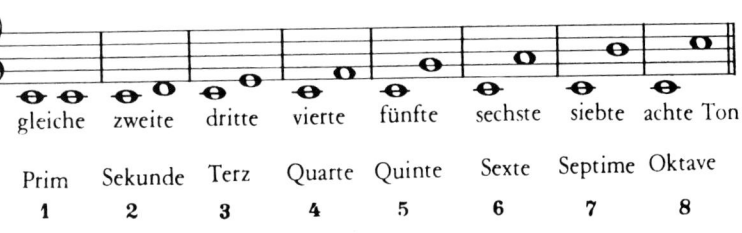

gleiche	zweite	dritte	vierte	fünfte	sechste	siebte	achte Ton
Prim	Sekunde	Terz	Quarte	Quinte	Sexte	Septime	Oktave
1	2	3	4	5	6	7	8

Die Intervalle kann man im Notenbild
leicht erkennen:

Intervall	1. Note	2. Note
Prim	auf der Linie im Zwischenraum	auf der gleichen Linie im gleichen Zwischenraum
Sekunde	auf der Linie im Zwischenraum	im angrenzenden Zwischenraum auf der angrenzenden Linie
Terz	auf der Linie im Zwischenraum	auf der nächsten Linie im nächsten Zwischenraum
Quarte	auf der Linie im Zwischenraum	im übernächsten Zwischenraum auf der übernächsten Linie
Quinte	auf der Linie im Zwischenraum	auf der übernächsten Linie im übernächsten Zwischenraum

Sexte: Quinte + Sekunde oder Oktave — Terz

Septime: Quinte + Terz oder Oktave — Sekunde

Übung 9

*Bestimme die Intervalle im Lied auf
Seite 17 und schreibe die Kennzahlen
der Reihe nach hier auf!*

--- --- --- --- --- --- --- --- --- --- --- --- --- ---

--- --- --- --- --- --- --- --- --- --- --- --- --- ---

Nun wissen wir aber bereits aus der Tonleiter, daß es Ganz- und Halbtonschritte gibt. Beide haben im Notenbild das gleiche Aussehen: sie sind *Sekunden*, weil ihr Abstand von der Linie zum angrenzenden Zwischenraum (oder umgekehrt) reicht. Daraus ergibt sich aber, daß unsere bisherige Bezeichnung «Sekunde» ungenau ist. Wir wollen daher von nun an den Ganzton als *große Sekunde*, den Halbton als *kleine Sekunde* bezeichnen.

Ähnliches stellen wir auch bei anderen Intervallen fest. Nehmen wir als Beispiel die ersten beiden Terzen unseres Liedes:

Vergleichen wir sie mit unserem Tastenbild (Seite 22), so sehen wir, daß die erste Terz genau 1½ Tonschritte (nämlich: e—f = ½, f—g = 1; vgl. auch Tonleiter!), die zweite aber 2 Tonschritte (c—d = 1, d—e = 1) enthält. Auch hier wollen wir im 1. Fall von einer kleinen, im 2. von einer großen Terz sprechen.

Allgemein ergibt sich:

1. In *zwei* Formen, nämlich als *große* und *kleine* Intervalle treten auf: *Sekunde, Terz, Sexte* und *Septime*.

2. Nur in *einer* Form, als *reine* Intervalle treten auf: *Prim, Quarte, Quinte* und *Oktave*

Große und kleine Intervalle:

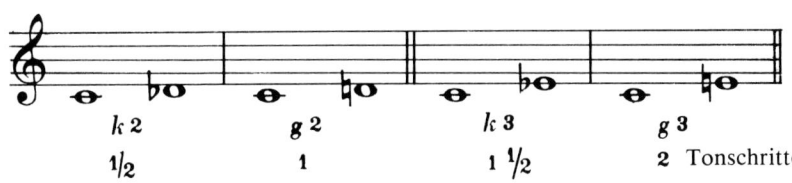

Intervall:	k 2	g 2	k 3	g 3
Abstand:	½	1	1 ½	2 Tonschritte

Reine Intervalle

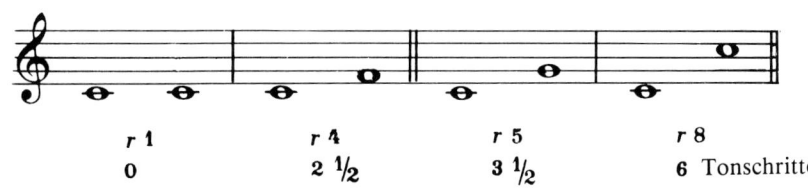

Intervall:	r 1	r 4	r 5	r 8
Abstand:	0	2 ½	3 ½	6 Tonschritte

Die größeren Intervalle lassen sich leicht als *Summe* zweier einfach zu bestimmender kleinerer Intervalle darstellen. Als solche Teil-Intervalle bieten sich vor allem an:

die Sekunde
(= nebeneinanderliegende Töne),
die Quinte
(= von der Linie zur übernächsten Linie bzw. vom Zwischenraum zum übernächsten Zwischenraum),
die Oktave
(= Töne mit gleichem Notennamen).

Intervall: k 6   g 6   k 7   g 7

Abstand: r 5 + k 2   r 5 + g 2   r 8 – g 2   r 8 – k 2

Übung 10

a) Bestimme die Intervalle zwischen den Tönen der nebenstehenden Notenfolge. Schreibe die Kennzahl mit den genauer bestimmenden Zusätzen:
r = rein, k = klein, g = groß.
Schreibe bei Sexte und Septime in Klammern das Teilintervall als Hilfsnote dazwischen.

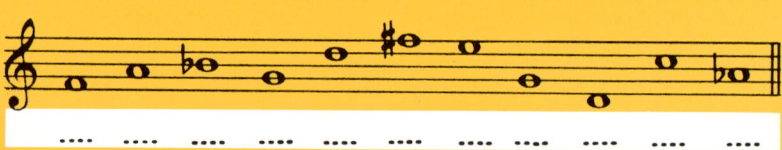

b) Bilde eine Kette von Intervallen, indem Du jeweils vom letzten dastehenden Ton aus das angegebene Intervall bildest! Auch hier sind bei den großen Intervallen die Hilfsnoten in Klammern einzutragen.
(↑ = aufwärts, ↓ = abwärts)

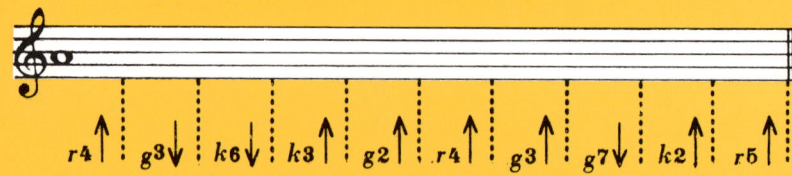

r4↑   g3↓   k6↓   k3↑   g2↑   r4↑   g3↑   g7↓   k2↑   r5↑

Wenn man die Gegenüberstellung der C- und G-dur- Tonleiter genau betrachtet, stellt man fest, daß die zweite 2. Viertonreihe der C-Leiter gleich der 1. Viertonreihe der G-Leiter ist. Die gleichen Verhältnisse finden wir bei weiteren Tonleitern. Jeweils wird die 2. Viertonreihe der vorausgegangenen zur 1. Viertonreihe der nächsten Tonart

13. Der Quinten-zirkel

Betrachten wir das Beispiel weiter, so zeigt sich:

— Der Abstand der Grundtöne ist immer eine reine Quinte aufwärts.
— Jede Tonart hat ein Kreuz (♯) mehr als die vorausgegangene.
— Das neu hinzukommende ♯ steht vor dem 7. Ton der Leiter (Leitton!); die übrigen werden aus der vorausgehenden Leiter übernommen.

C-dur:

G-dur: 1 ♯ (f—fis)

D-dur: 2 ♯ (f—fis, c—cis)

A-dur: 3 ♯ (f—fis, c—cis, g—gis)

E-dur: 4 ♯ (f—fis, c—cis, g—gis, d—dis)

H-dur: 5 ♯ (f—fis, c—cis, g—gis, d—dis, a—ais)

Fis-dur: 6 ♯ (f—fis, c—cis, g—gis, d—dis, a—ais, e—eis)

Auch die C- und F-dur-Tonleiter haben eine Viertonreihe gemeinsam:
die 1. Viertonreihe der C-Leiter entspricht der 2. Viertonreihe der F- Leiter,
und wie bei den ♯ -Tonarten können wir durch Anwendung dieser Beobach-
tung neue Tonarten gewinnen :

Hier ergibt sich:

— Der Abstand der Grundtöne ist
auch eine Quinte, allerdings von C
aus abwärts.
— Jede Tonart hat ein ♭ mehr als die
vorausgehende.
— Das neue ♭ erniedrigt immer den
letzten Ton der ersten Viertonreihe; die übrigen Vorzeichen werden aus der vorausgehenden Leiter
übernommen.

Es versteht sich von selbst, daß sich
beide Reihen — die der ♯ -Tonarten
und die der ♭ -Tonarten — noch fortsetzen lassen.

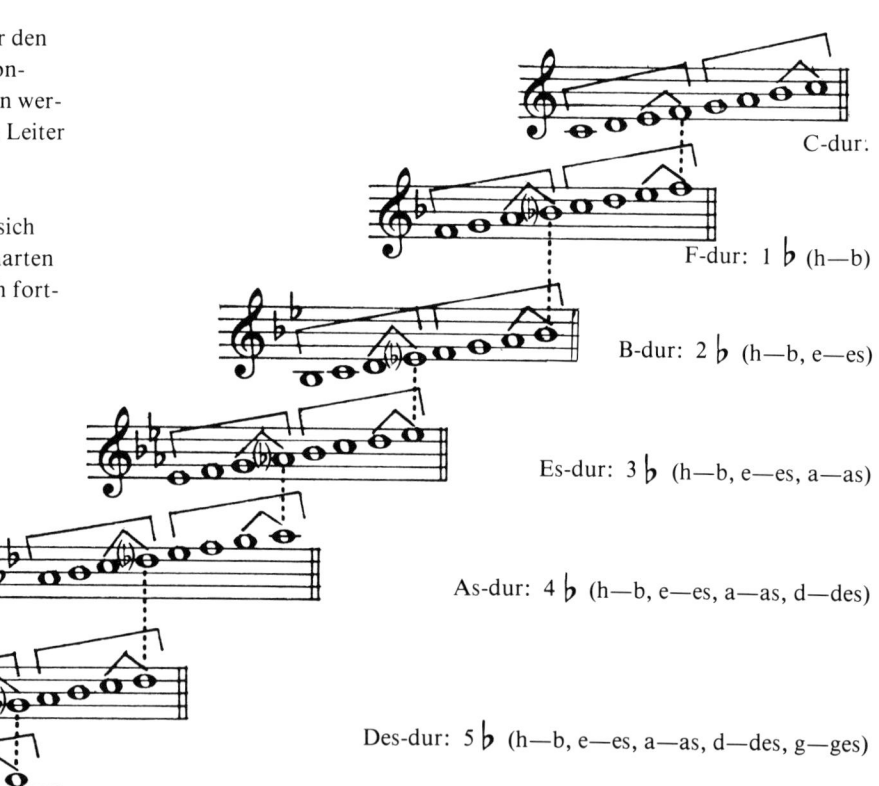

C-dur.

F-dur: 1 ♭ (h—b)

B-dur: 2 ♭ (h—b, e—es)

Es-dur: 3 ♭ (h—b, e—es, a—as)

As-dur: 4 ♭ (h—b, e—es, a—as, d—des)

Des-dur: 5 ♭ (h—b, e—es, a—as, d—des, g—ges)

Ges-dur: 6 ♭ (h—b, e—es, a—as, d—des, g—ges, c—ces)

28

Wir können die Beziehungen der Tonarten einfach so darstellen, daß wir
alle Tonarten in einem Kreis anord-
nen, in dem benachbarte Tonarten
den Abstand einer Quinte haben.
Jeder Quintschritt von c aus nach
rechts bedeutet ein ♯ mehr,
jeder Quintschritt von c aus nach links
bedeutet ein ♭ mehr.

Auch die durch das Vorzeichen veränderten Töne lassen sich dann ablesen.

In gleicher Richtung wie die Tonarten
lesen wir
die durch ♯ erhöhten Töne von f
    aus,
die durch ♭ erniedrigten von h
    aus ab .

In diesem Quintenzirkel sehen wir
dem Ausgangspunkt c gegenüber
Fis- dur und Ges-dur untereinander-
geschrieben. Das bedeutet, daß wir
von c aus nach 6 Quintschritten aufwärts zu dem Ton kommen, der im
Klang dem gleicht, auf dem wir nach
6 Quintschritten abwärts enden.

Das Tastenbild auf Seite 22 zeigt uns,
daß die Töne fis und ges tatsächlich
von der gleichen Taste hervorgebracht
werden.

Diese Gleichsetzung zweier Töne bezeichnet man als *enharmonische Ver-
wechslung.*

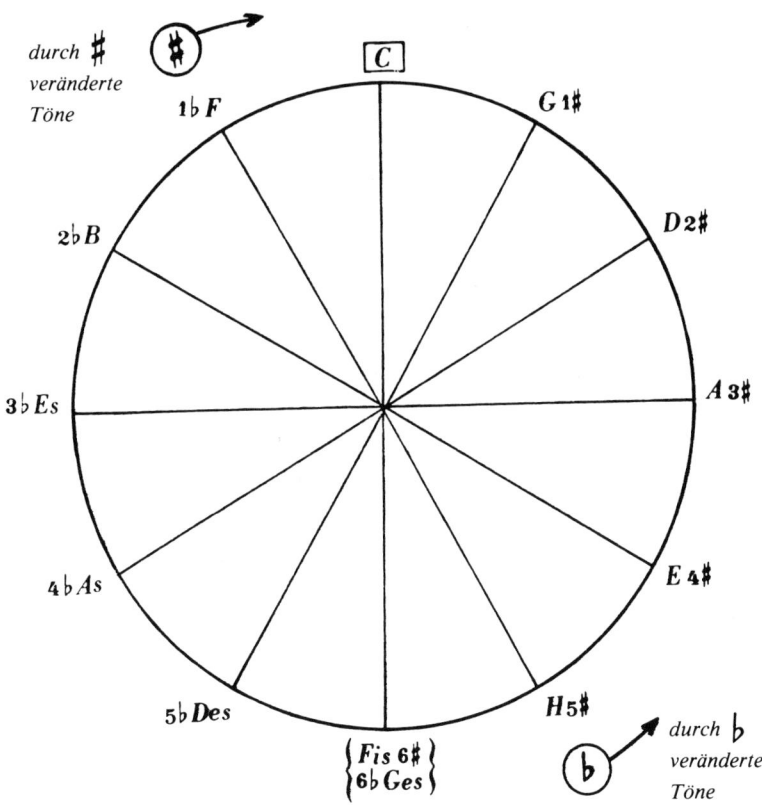

Übung 11

a) *Trage in nachstehende Tonleitern sowohl vor den veränderten Tönen (in Klammern) als auch hinter dem Notenschlüssel die für die Tonart charakteristischen Vorzeichen ein.*

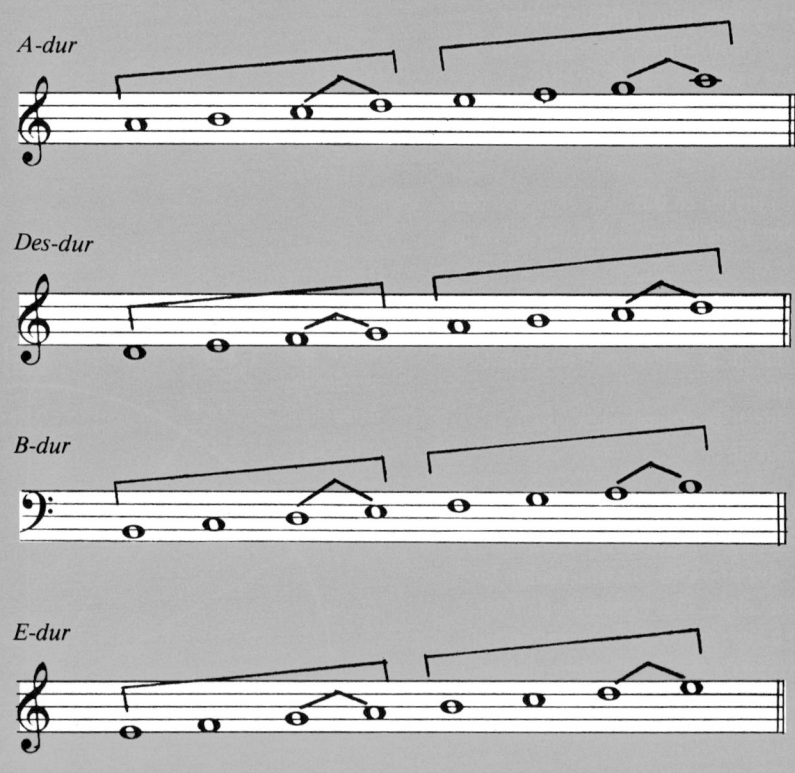

b) *Wieviel und welche Vorzeichen haben folgende Tonarten?*

G-dur _____	As-dur _____	H-dur _____
Ges-dur _____	Es-dur _____	D-dur _____
F-dur _____	C-dur _____	Fis-dur _____

Nachdem wir nun in der Lage sind, in vielen Tonarten Melodien abzulesen und in Töne umzusetzen, ist es an der Zeit, auch die Längen der Töne einer verfeinerten Betrachtung zu unterziehen.

In unserem Lied «Hört ihr Herrn und laßt euch sagen» (Seite 17) entsprachen alle vorkommenden Tonlängen den im Abschnitt 3 gelernten Notenwerten.

Nun kommen aber in vielen Melodien Töne vor, deren Länge sich nicht alleine mit den bisher benutzten Noten darstellen läßt.

Bei dem Lied «Heißa Kathreinerle» z.B. stehen in den ersten beiden Takten jeweils 3 Noten.

Im ersten Takt fällt jeder Ton mit einem Pulsschlag zusammen:

Im zweiten Takt ist die erste Note verlängert, die zweite entsprechend verkürzt, so daß der 1. und 3. Ton mit dem 1. und 3. Pulsschlag zusammenfällt, während der zweite Ton zwischen dem 2. und 3. Pulsschlag steht.

Diese Verlängerung läßt sich auf zwei Arten schreiben:

1. Man schreibt 2 Noten, die zusammen die erforderliche Tonlänge ergeben, auf die *gleiche Höhe* und verbindet sie mit einem Bogen (= Haltebogen).
   Dann wird die zweite Note nicht als eigener Ton gesungen oder gespielt, die 1. Note aber um den Wert der 2. Note verlängert.

2. Man setzt neben die Note des verlängerten Tones einen *Punkt*.
   Dieser Punkt verlängert die Note um die *Hälfte ihres eigenen Wertes.*

Wenden wir diese beiden Schreibweisen auf das Lied an, so ergibt sich:

Also:

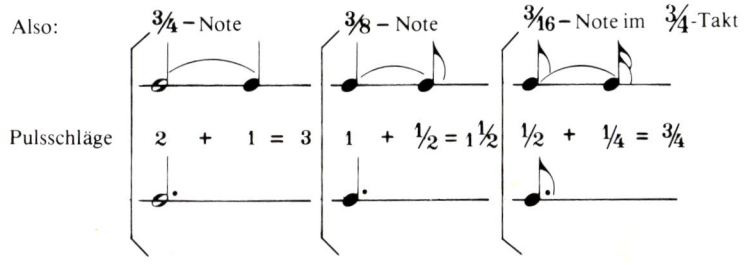

Man wird immer die einfachste Notierung vorfinden. D.h. der Verlängerungspunkt wird in der Regel verwendet, wenn die Verlängerung die Hälfte des notierten Wertes beträgt; den Haltebogen wird man verwenden, wenn der Punkt keine Anwendung finden kann, weil die Verlängerung einen anderen Wert hat oder über einen Takt hinausgeht.

14. Die Verlängerung der Notenwerte

Übung 12

Notiere folgende Notenwerte in der einfachsten Form!

$\frac{5}{8}$: ——————————— $\frac{3}{2}$: ———————————

$\frac{7}{8}$: ——————————— ——————————— (2 Lösungen)

$\frac{3}{4}$: ——————————— $\frac{5}{16}$: ———————————

15. Die Triole

Le — be wohl!   Glück lei — te dich!   Bist du fern, so denk an mich!

Im 3. Takt des Kanons «Lebe wohl» sind auf dem zweiten Pulsschlag *drei* gleichlange Töne anstelle der sonst üblichen zwei Töne zu singen.

Da z.B. 3 Triolenachtel den gleichen Zeitraum einnehmen wie 2 normale Achtel, ist ein Triolenachtel etwas *kürzer* als ein normales.

Wir nennen das eine *Triole*.

Man erkennt sie an der Schreibweise:

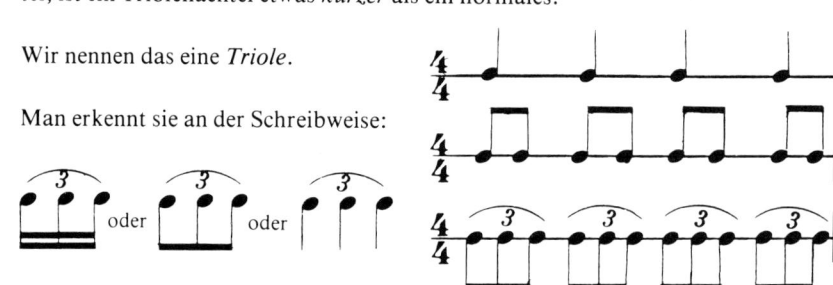

16. Der Auftakt

Zum   Tan — ze da geht ein   Mä— del mit   gül — de — nem   Band . . .

In allen Liedmelodien, die wir bisher als Beispiel kennengelernt haben, war der erste Ton betont. Das hing damit zusammen, daß die Texte mit einer betonten Silbe begannen. Sprechen wir nun den Text des obigen schwedischen Tanzliedes , so finden wir am Anfang eine unbetonte Silbe; erst die zweite Silbe ist betont:

ᴗ   —   ᴗᴗ ᴗ ᴗ   —   ᴗ ᴗ — ᴗ ᴗ   —
Zum Tan - ze da geht ein Mä - del mit gül - de - nem Band

Vergleichen wir nun dieses Beispiel
mit den früheren, so bestätigt sich,
daß die betonten Silben und Töne immer auf dem ersten Pusschlag eines
Taktes stehen.

Daraus folgert aber, daß in unserem
neuen Beispiel die unbetonte Silbe
«zum» auf dem unbetonten Pulsschlag *vor* der ersten Betonung (und
damit *vor* dem ersten Taktstrich) stehen muß.

Dadurch beginnt unser Lied mit
einem *unvollständigen* Takt, den wir
als *Auftakt* bezeichnen.

Wie das Beispiel zeigt, ergänzen sich
der Auftakt und der Schlußtakt zu
einem vollständigen Takt.

Übung 13

*Hier folgen verschiedene Formen des Auftakts. Schreibe jeweils e i n e n Ton
in den Schlußtakt, der den Auftakt ergänzt!*

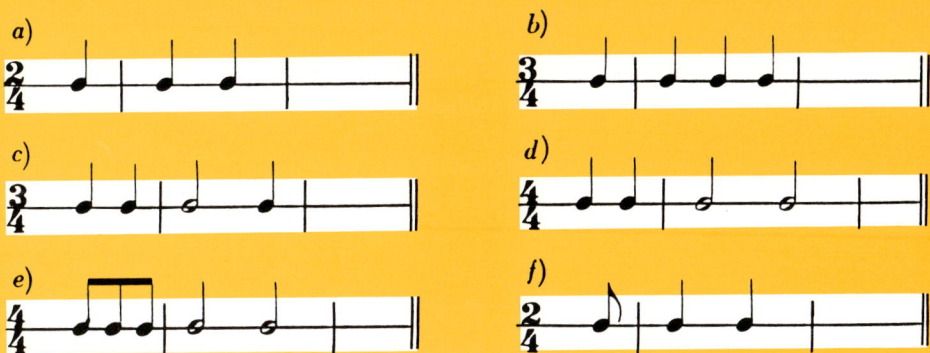

17. Die Synkope

Wie wir im vorigen Abschnitt festgestellt haben, ist in jedem Takt die auf dem ersten Pulsschlag stehende Note betont. Darüber hinaus erhält im 4/4-Takt der dritte Pulsschlag eine schwächere Betonung:

Vi — va, vi—va la Mu—si—ca! Vi — va, vi—va la Mu—si—ca! Vi — va la Mu—si—ca!

In diesem Kanon erwarten wir im vorletzten Takt folgende Silbenverteilung:

Tatsächlich finden wir aber eine abweichende Verteilung:

Was ist geschehen?

Auf dem zweiten, unbetonten Pulsschlag erklingt ein Ton, der durch seine Länge wie auch durch das Ausfallen der Betonung auf dem dritten Schlag besonders hervorgehoben ist.

Beispiele:

Eine solche Betonung auf einem *unbetonten* Taktteil nennt man *Synkope*.

Synkopen geben dem Stück einen vorwärtstreibenden Charakter und erzeugen, vor allem wenn mehrere Synkopen aufeinander folgen, Spannung.

Ungarisches Volkslied

Wir wollen unter Anwendung des bis-her Gelernten herauszufinden suchen, in welcher Tonart dieses ungarische Volkslied steht.

Die Lösung scheint leicht zu sein: da am Anfang keine Vorzeichen ste-hen, vermuten wir, das Lied stehe in C-dur.

Betrachten wir aber die Melodie etwas genauer, so ergeben sich Bedenken.

In der Melodie der meisten Lieder hat der Grundton der Tonleiter eine besondere Bedeutung: er kommt oft besonders häufig und auf betontem Taktteil vor; er steht vielfach als erster betonter Ton und er ist fast immer auch der Schlußton einer Melodie.

In unserem Beispiel beginnt und endet die Melodie mit dem Ton a, und die-ser Ton bekommt auch dadurch ein besonderes Gewicht, daß er sechsmal am Anfang des Taktes, also an beton-ter Stelle steht. Keiner der übrigen Töne erlangt ähnliche Bedeutung. Also ist zu vermuten, daß hier der Grundton «a» heißt. Die Töne der

Melodie stammen aus einer Tonleiter, die mit dem Ton a beginnt, in der aber wie in der C-dur-Tonleiter keinerlei Erhöhungen vorkommen.

Gleiche Vorzeichen:

Gleicher Grundton:

Natürliches oder äolisches Moll:

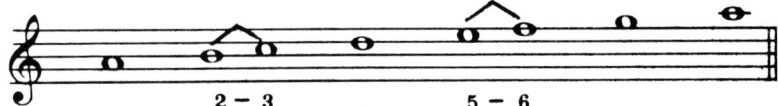

2 − 3   5 − 6

Da diese Tonleiter und die aus ihr ge-bildeten Melodien sehr *weich* klingen, nennt man sie eine *Moll*-Tonleiter von lat. «mollis» = weich, sanft).

Sie steht im Gegensatz zur *hell* und *strahlend* klingenden *Dur*-Tonleiter (von lat. «durus» = hart).

Merke: Jede Moll-Tonart hat die glei-chen Vorzeichen wie die Dur-Tonleiter, die eine *kleine Terz höher* steht; also: a-moll hat die gleichen Vorzeichen wie C- dur.

a-moll bezeichnen wir als *parallele* Moll-Tonart zu C-dur.

Wir nennen die a-moll-Tonleiter in der aufgeschriebenen Form *natürlich*, weil sie ohne Ausnahme nur die Töne der eine kleine Terz höher stehenden Dur- Leiter (C-dur) verwendet.

Die zweite Bezeichnung: *äolisches* Moll stammt aus dem mittelalterlichen System der Kirchentonarten, in dem die Leiter von a bis a (ohne Vorzeichen) «äolisch» genannt wurde, während die Leiter von c bis c «ionisch» hieß.

Erst seit 1600 werden diese beiden Leitern gegenüber den anderen des mittelalterlichen Systems (dorisch: d—d, phrygisch: e—e, lydisch: f—f, mixolydisch g—g, jeweils *ohne* Vorzeichen) bevorzugt und zum Grundmodell unserer Dur- und Moll-Tonleiter.

Vergleichen wir die Dur- und Moll-Tonleiter, so erkennen wir, daß in der Moll-Tonleiter die Halbtonschritte eine andere Lage haben:

In der Dur-Tonleiter liegen die Halbtonschritte von der 3. zur 4. und von der 7. zur 8. Stufe der Leiter, im *natürlichen Moll* von der 2. zur 3. und von der 5.zur 6. Stufe.

Die Beziehung zwischen Dur- und paralleler Moll-Tonart läßt sich auch in den Quintenzirkel eintragen.

Dabei müssen wir beachten, daß für Dur-Tonarten Großbuchstaben, für Moll-Tonarten kleine Buchstaben verwendet werden:

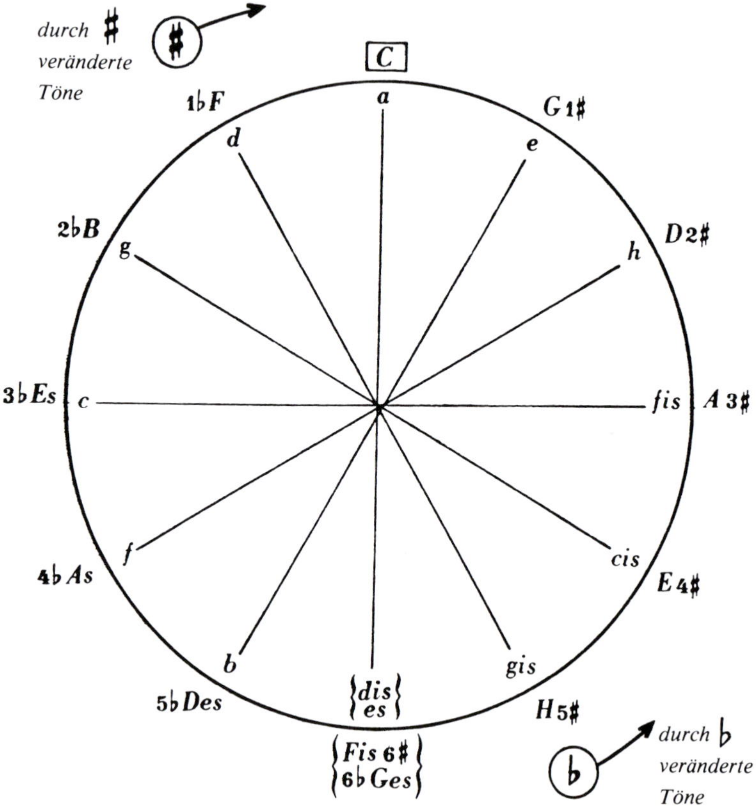

durch ♯ ♯→ *veränderte Töne*

C

1♭F
d
a
e
G 1♯

2♭B
g
h
D 2♯

3♭Es c ——————— fis A 3♯

f
cis
E 4♯

4♭As

b
dis/es
gis
H 5♯

5♭Des

Fis 6♯ / 6♭Ges

♭ *durch* ♭ *veränderte Töne*

Übung 14

a) *Schreibe — ohne die vorstehende Grafik zu benutzen! — die Vorzeichen folgender Moll-Tonarten!*

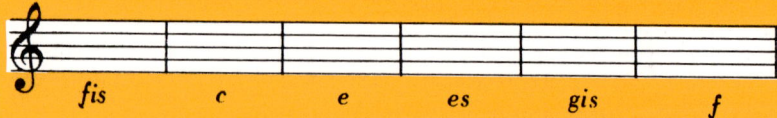

fis   c   e   es   gis   f

b) *Von welcher Dur-Tonart stammen die Vorzeichen folgender Moll-Tonarten?*

d: _____   b: _____   h: _____   g: _____   cis: _____   dis: _____

Das im vorigen Abschnitt verwendete ungarische Volkslied klingt uns fremd. Wir vergleichen es mit einem ebenfalls in a-moll stehenden deutschen Volkslied:

Es waren zwei Kö-nigs-kin - - -der, die hatten ein-an-der so. lieb; —— sie

konnten zusam—men nicht kom - - men, das Wasser war viel zu tief. ——

Gegenüber der vorigen Melodie finden wir hier die konsequente Erhöhung des Tons g zu gis.
Wir fügen diesen veränderten Ton in die natürliche Molltonleiter ein:

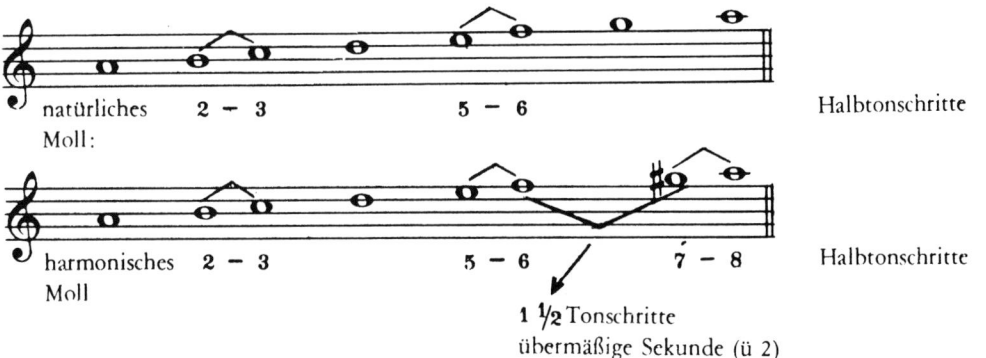

natürliches 2 - 3 5 - 6 Halbtonschritte
Moll:

harmonisches 2 - 3 5 - 6 7 - 8 Halbtonschritte
Moll

1 ½ Tonschritte
übermäßige Sekunde (ü 2)

Durch die Erhöhung des 7. Tones wird der Abstand vom 6. zum 7. Ton, der im natürlichen Moll schon ein Ganztonschritt (= große Sekunde) ist, nochmals um einen Halbtonschritt vergrößert. Wir nennen das so entstehende Intervall eine *übermäßige Sekunde* (1 ½ Töne; auch die kleine Terz hat 1 ½ Tonschritte, müßte aber f—as geschrieben werden!).

Der Abstand des 7. zum 8. Ton ist nun wieder ein Halbtonschritt, der 7. Ton ist durch die Erhöhung zum Leitton geworden.

Das Vorkommen des Leittons läßt uns die Melodie des deutschen Volksliedes vertraut erscheinen.

Wir nennen diese Form der Leiter das *harmonische Moll*.

Wegen des übermäßigen Sekundschrittes (6—7) läßt sich die Leiter nur begrenzt für Melodien verwenden. Um eine singbare Melodie zu erhalten, muß der Leitton bewahrt werden, der übermäßige Schritt aber verschwinden. Das geschieht durch zusätzliches Erhöhen des 6. Tones:

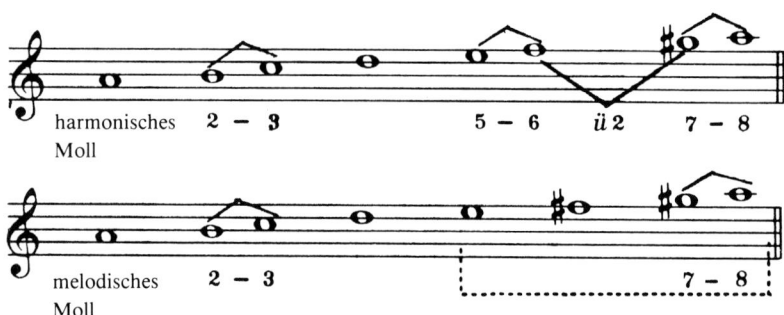

Die letzten 4 Töne bilden nun ein Tetrachord, wie wir es aus der Dur-Tonleiter kennen (gestrichelte Klammer). Damit in einer aus diesen Tönen gebildeten Melodie nicht der Eindruck entsteht, wir befänden uns in einer Dur-Tonart, werden beim Abwärtsgehen die Erhöhungen wieder aufgehoben.

So entsteht die *melodische* Moll-Tonleiter:

Bei der Bildung der melodischen Moll-Tonleiter ist die richtige Benutzung der Vorzeichen wichtig.

Wir müssen bedenken:

jeder Ton kann durch ein ♯ um einen Halbtonschritt erhöht werden;

ein bereits erhöhter Ton kann noch einmal erhöht werden; man setzt dann das Zeichen 𝄪 (Doppelkreuz) vor die Note und hängt an den Namen des erhöhten Tones noch einmal die Silbe «-is» an.

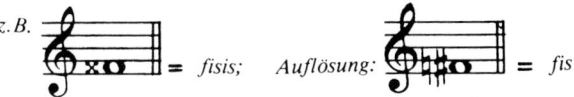

= fisis;   Auflösung: = fis

ein erhöhter Ton wird durch Aufhebung der Erhöhung ♮ erniedrigt.

jeder Ton kann durch ♭ um einen Halbtonschritt erniedrigt werden;

ein bereits erniedrigter Ton kann noch einmal erniedrigt werden; man setzt dann ein Doppel-b (♭♭) vor die Note und hängt an den Namen des erniedrigten Tons die Silbe «-es».

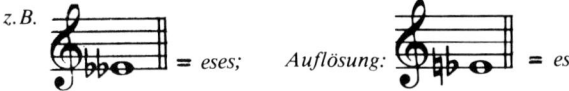

= eses;   Auflösung: = es

ein durch ♭ erniedrigter Ton wird durch die Aufhebung des ♭ (durch ♮) erhöht.

Die zur Bildung der harmonischen und melodischen Moll-Tonleiter erforderlichen Vorzeichen werden immer nur vor die zu verändernde Note gesetzt. Ein solches Vorzeichen gilt daher in einem Stück nur für die Note, vor der es steht, und deren Wiederholung(en) im gleichen Takt. Brauchen wir das Vorzeichen im folgenden Takt, so muß es vor der Note wiederholt werden. Auch vor die eine Oktave höher stehenden Noten muß das Vorzeichen gesetzt werden.

Am Anfang der Reihe und damit für *alle* Töne gültig stehen in Moll nur die Vorzeichen der parallelen Dur-Tonart!

Übung 15

a) Bilde die harmonische g-moll-Tonleiter!

b) Bilde die melodische f-moll-Tonleiter!

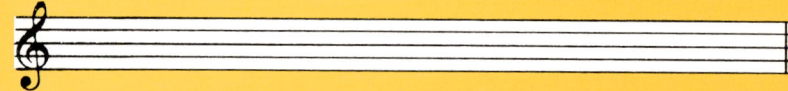

c) Bilde die melodische d-moll-Tonleiter!

Bei der Lösung dieser Aufgaben sollte zuerst die natürliche Leiter gebildet und dann an ihr die notwendigen Veränderungen vorgenommen werden!

d) Bilde die harmonische gis-moll-Tonleiter!

20. Weitere Differenzierung der Intervalle

Bei der Bildung der harmonischen Leiter lernten wir ein neues Intervall kennen:

Eine große Sekunde wurde erhöht, und es entstand wie dort gesagt wurde, eine *übermäßige Sekunde*. Wir müssen also eine weitere Differenzierung der Intervalle vornehmen:

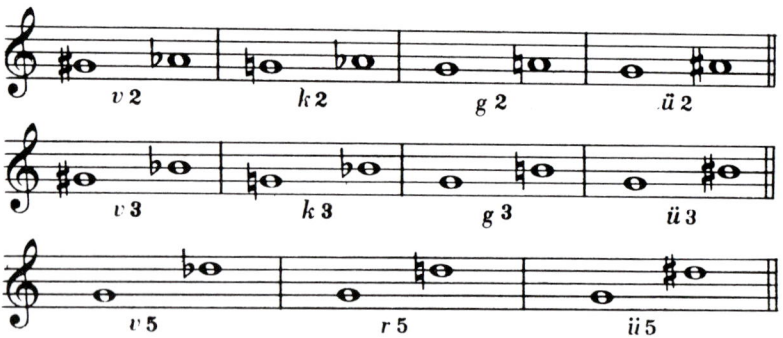

Wie die Beispiele zeigen, werden *reine* und *kleine* Intervalle bei Verkleinerung um einen Halbton

vermindert (v).

Reine und *große* Intervalle werden bei Vergrößerung um einen Halbtonschritt

übermäßig(ü).

Klanglich gleichen die meisten übermäßigen oder verminderten Intervalle anderen, weniger komplizierten.

Wie schon erwähnt, besteht die ü 2 (übermäßige Sekunde) aus 1½ Tonschritten. Diesen Abstand kennen wir bereits als k 3 (kleine Terz), und das Ohr wird wohl auch dieses Intervall erkennen.

Die Intervalle k 3 und ü 2 unterscheiden sich dennoch in der Notation. Gemäß unserer Regel, daß Terzen immer auf benachbarten Linien bzw. in benachbarten Zwischenräumen stehen, die Töne der Sekunde aber immer auf der Linie und im angrenzenden Zwischenraum oder umgekehrt, ergibt sich:

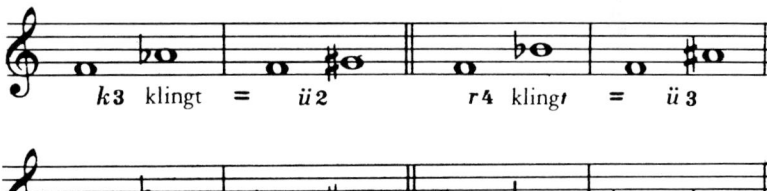

Die Intervalle ü 4 und v 5 haben einen Abstand von 3 Ganztönen.

Man bezeichnet diesen Abstand als den *Tritonus*.

21. Die Hauptdrei- klänge

Der harmonische oder «wohltönende» Zusammenklang von mehreren Tönen wird als *Akkord* bezeichnet.

Der am weitesten verbreitete Akkord ist der *Dreiklang*. Er besteht aus einem Grundton sowie dem 3. und 5. Ton von diesem Grundton aus.

Die Dreiklangstöne haben also jeweils eine Terz Abstand voneinander.

Betrachten wir Melodien, so zeigt sich, daß Tonleiterausschnitte und nacheinander erklingende Dreiklangstöne besonders häufig zur Melodiebildung benutzt werden.

Dreiklänge bilden darüber hinaus in vielfältiger Gestalt Begleitungen zu Melodien.

Dreiklänge können auf allen Tönen der Tonleiter aufgebaut werden. Es werden aber am häufigsten die Dreiklänge benutzt, die über dem 1., 4. und 5. Ton einer Leiter stehen. Wir nennen sie die *Hauptdreiklänge* einer Tonart:

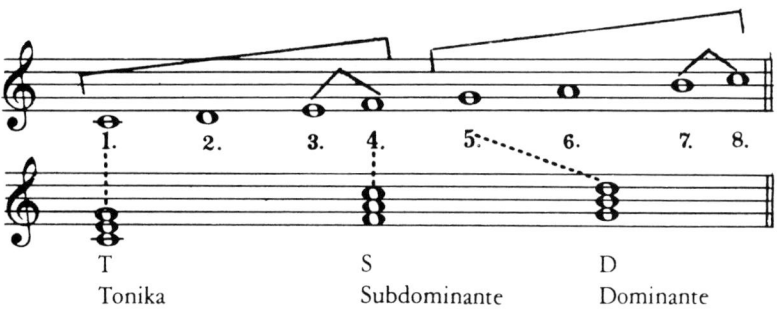

Der Dreiklang auf dem 1. Ton einer Tonleiter heißt *Tonika*; er besteht aus dem 1., 3. und 5. Ton der Leiter.

Der Dreiklang auf dem 4. Ton einer Tonleiter wird *Subdominante* genannt; er besteht aus dem 4., 6. und 8. Ton der Leiter.

Der Dreiklang auf dem 5. Ton einer Leiter heißt *Dominante*; er wird vom 5., 7. und 9. (= 2.) Ton der Leiter gebildet.

Für die Bildung der Hauptdreiklänge finden wir im Quintenzirkel eine Hilfe.
Unser vorstehendes Notenbeispiel mag das zeigen:

Wir haben die Hauptdreiklänge von C-dur gebildet. Dabei ergab sich, daß
diese von den Tönen c, f und g aus aufgebaut werden.

Schauen wir auf den Quintenzirkel, so zeigt sich, daß f und g unmittelbar
neben c liegen.

Daraus können wir verallgemeinern:

Wir können am Quintenzirkel die Dominante rechts neben dem Grundton der
    Tonart (=eine Quinte aufwärts), die Subdominante links neben dem Ton
    (=eine Quinte abwärts) ablesen.

Daraus ergibt sich dann aber auch, daß jeder Dreiklang mehrere Bedeutungen
haben kann:

Der Dreiklang c-e-g kann sein: Tonika von C-dur;
                                 Dominante von F-dur (rechts von F);
                                 Subdominante von G-dur (links von G).

a) Bilde die Hauptdreiklänge von: *Übung 16*

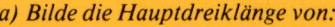

B-dur: T   S   D   G-dur: T   S   D   E-dur: T   S   D

*b) Bestimme, in welcher Tonart die nachstehenden Akkorde die angegebene
Bedeutung haben!*

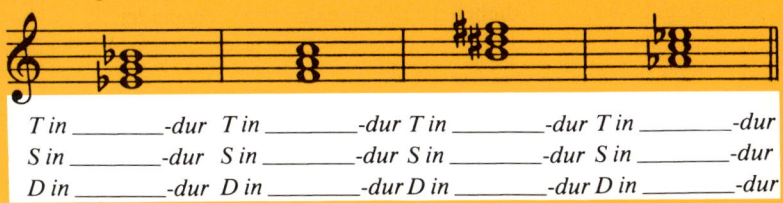

T in _____ -dur   T in _____ -dur   T in _____ -dur   T in _____ -dur
S in _____ -dur   S in _____ -dur   S in _____ -dur   S in _____ -dur
D in _____ -dur   D in _____ -dur   D in _____ -dur   D in _____ -dur

22. Die Umkehrung der Dreiklänge

Auch in Melodien teffen wir oft Töne von Dreiklängen an.

Wa - chet auf, wa - chet auf, es kräh — te der Hahn . . .

In dem Kanon «Wachet auf...» werden die beiden ersten Takte nur aus Tönen des Tonika-Dreiklangs gebildet.

Der Dreiklang erscheint dabei in zwei verschiedenen Formen:
1. in der schon bekannten *Grundform* (c-e-g);
2. in einer Form mit den gleichen Tönen wie in der Grundform, in der sich aber die Reihenfolge der Töne geändert hat: e-g-c.

Nehmen wir noch den Anfang des Liedes «Im Frühtau zu Berge...» hinzu, so lernen wir sogar noch eine dritte Form kennen.

Im Früh — tau zu Ber — ge wir gehn, fal - le - ra . . .

3. Hier findet sich am Anfang gleich zweimal hintereinander eine weitere Form des Dreiklangs, bei der als tiefster Ton die Quinte des Dreiklangs erscheint.

Alle Formen des Dreiklangs, in denen nicht der Grundton als tiefster Ton erscheint, bezeichnen wir als *Umkehrungen*.

Zu jedem Dreiklang gibt es zwei Umkehrungen. Sie entstehen, indem der jeweils tiefste Ton eine Oktave höher gesetzt wird. Dadurch behalten die Töne ihre Namen, es ändert sich lediglich die Stellung der Töne zueinander.

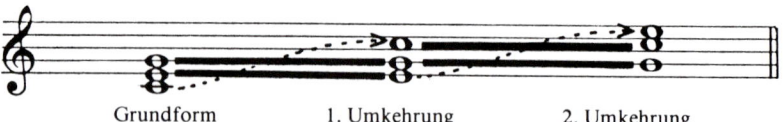

Grundform   1. Umkehrung   2. Umkehrung

In der 1. Umkehrung ist die Terz des Dreiklangs der tiefste Ton. Im Gegensatz zum Dreiklang in Grundform ist der Abstand vom tiefsten zum höchsten Ton eine Sexte, nicht eine Quinte. Die 1. Umkehrung wir daher als *Sextakkord* bezeichnet.

In der 2. Umkehrung ist die Quinte des Dreiklangs tiefster Ton. Hier ist der Abstand vom untersten zum mittleren Ton eine Quarte, der Abstand zwischen dem untersten und dem oberen Ton eine Sexte. Daher bezeichnen wir die zweite Umkehrung auch als *Quartsextakkord*.

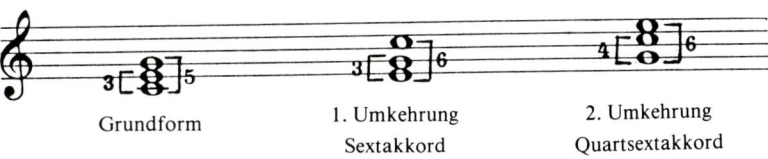

Grundform   1. Umkehrung   2. Umkehrung
Sextakkord   Quartsextakkord

Bilde Grundform und beide Umkehrungen der nachstehenden Hauptdreiklänge!   **Übung 17**

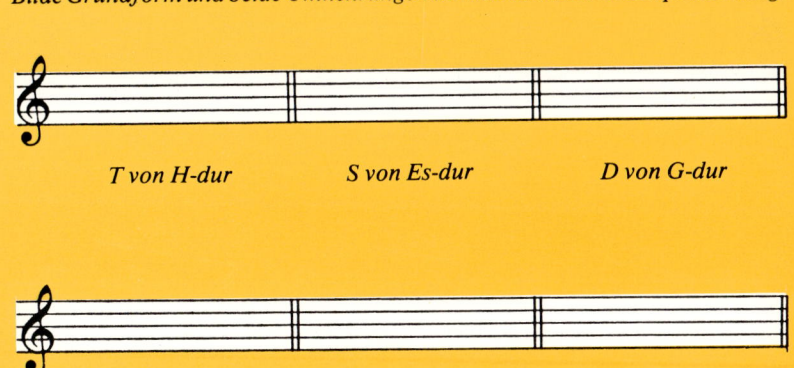

T von H-dur   *S von Es-dur*   *D von G-dur*

T von F-dur   *S von D-dur*   *D von Es-dur*

23. Die Hauptdrei- klänge der Moll- Tonarten

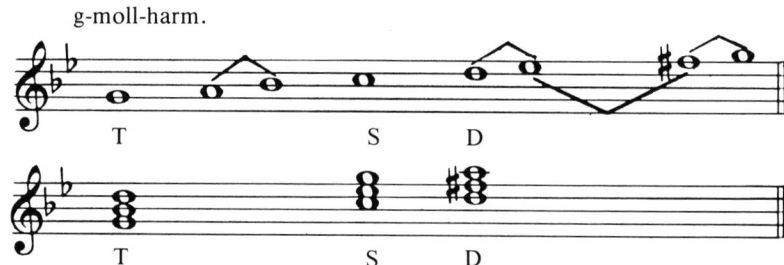

Auch von den Moll-Tonarten kann man in der bereits besprochenen Weise die Hauptdreiklänge und deren Umkehrungen bilden. Dabei müssen wir aber beachten, daß als Grundlage *immer* die *harmonische* Leiter dient.

Vergleicht man nun den Tonika- Dreiklang der Dur- und der Moll- Tonart, so stellt man fest, daß
der Dreiklang in Dur aus Grundton, *großer* Terz und Quinte,
der Dreiklang in Moll aus Grundton, *kleiner* Terz und Quinte besteht.

Damit haben wir die Kennzeichen des Dur- und Moll-Dreiklangs kennenge- lernt.

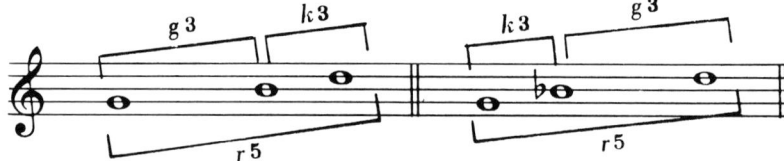

Untersucht man jetzt die Hauptdrei- klänge einer Moll-Tonart, so stellt man fest, daß Tonika- und Subdomi- nantdreiklang *Moll-Dreiklänge* sind, der Dominantdreiklang dagegen ist ein *Dur-Dreiklang*.

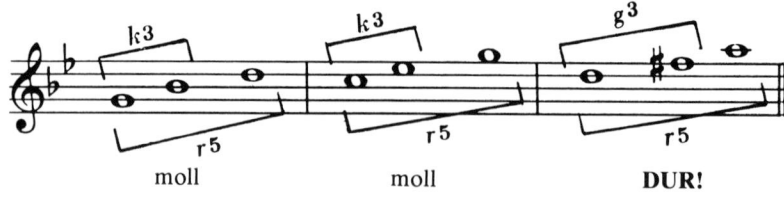

moll   moll   **DUR!**

46

a) Bilde die Hauptdreiklänge von d-, h-, f- und cis-moll!

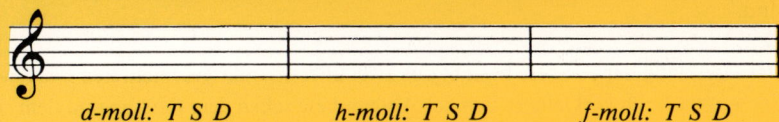

d-moll: T S D   h-moll: T S D   f-moll: T S D

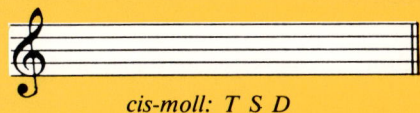

cis-moll: T S D

b) Bestimme, ob die nachstehenden Akkorde Dur- oder Moll-Dreiklänge sind!

....

24. Haupt- und Neben-dreiklänge

Im Abschnitt 21 sind wir von der Erfahrung ausgegangen, daß die Dreiklänge auf dem 1., 4. und 5. Ton der Tonleiter am häufigsten Verwendung finden.

Tatsächlich kann man auf *jedem* Leiterton einen Dreiklang aufbauen. Die bisher nicht betrachteten Dreiklänge auf der 2., 3., 6. und 7. Stufe der Dur-Tonleiter sind *Nebendreiklänge*.

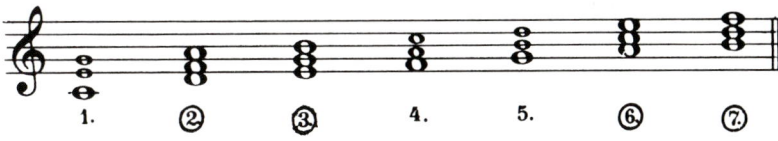

1.   ②   ③   4.   5.   ⑥   ⑦

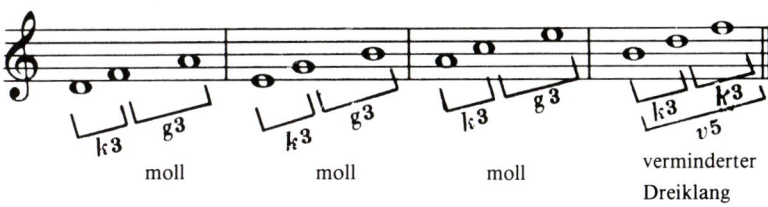

moll   moll   moll   verminderter
                                          Dreiklang

47

Es zeigt sich, daß die Dreiklänge auf der 2., 3. und 6. Stufe Moll- Dreiklänge sind.

Der Dreiklang der 7. Stufe besteht aus zwei übereinandergeschichteten *kleinen Terzen*; dadurch verkleinert sich der Abstand zwischen dem tiefsten und dem höchsten Ton zu einer *verminderten Quinte*. Wir bezeichnen den Akkord auf der 7. Stufe daher als *verminderten Dreiklang*.

In gleicher Weise wollen wir uns nun auch noch die Nebendreiklänge in Moll aufbauen.

Wir benutzen dazu wieder die Töne der harmonischen Moll-Tonleiter:

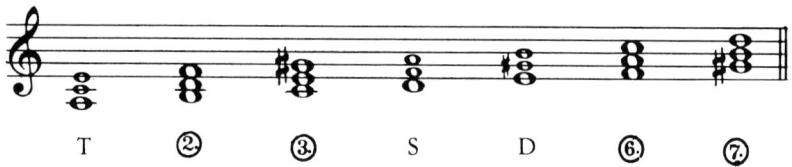

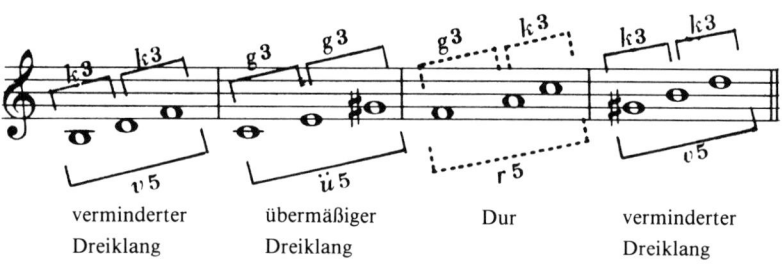

| verminderter Dreiklang | übermäßiger Dreiklang | Dur | verminderter Dreiklang |

Es ergibt sich, daß auf der 2. und 7. Stufe die oben beschriebenen verminderten Dreiklänge erscheinen.
Neu ist der aus zwei *großen Terzen* aufgebaute Dreiklang auf der 3. Stufe. Er erhält nach dem Abstand zwischen tiefstem und höchstem Ton, der eine *übermäßige Quinte* ist, die Bezeichnung

übermäßiger Dreiklang.

Vertraut erscheint uns bei diesen Neben-Dreiklängen lediglich der Dur-Akkord auf der 6. Stufe.

Im Früh-tau zu Ber-ge wir geh'n, fal-le-ra, es grünen die Wäl-der, die Höh'n, fal-le-ra. Wir

wan-dern oh-ne Sor-gen singend in den Mor-gen, noch eh im Ta—le die Häh-ne kräh'n.

Dieses Volkslied haben wir schon im Zusammenhang mit den Dreiklangs-umkehrungen kennengelernt, weil die ersten drei Töne die 2. Umkehrung des Tonika-Dreiklangs bilden.

Hier interessiert uns nun der vorlezte Takt. In ihm steht der Dominant-Dreiklang, dem als 4. Ton die Septime hinzugefügt wurde.

Durch Hinzufügen der Septime zum Dreiklang entsteht ein Vierklang, der nach dem hinzugefügten Ton *Septimakkord* genannt wird.

Am gebräuchlichsten ist der Septimakkord der Dominante (5. Stufe der Leiter), der *Dominantseptimakkord* = D7.

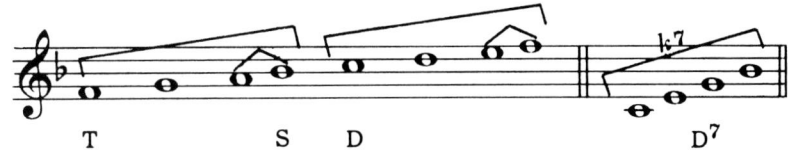

Die Umkehrungen werden wie beim Dreiklang durch Erhöhen des jeweils tiefsten Tones um eine Oktave gebildet.

Da Septime und Oktave aufeinanderfolgende Töne sind, müssen in allen Umkehrungen des D7 zwei Töne mit Sekundabstand erscheinen. Die Lage dieser Sekunde wird als Abstand vom

jeweils tiefsten Ton als Intervall bestimmt und dient als Unterscheidungsmerkmal wie auch als Bezeichnung für die Umkehrungen.

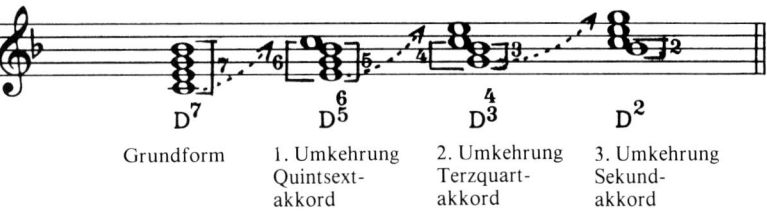

| Grundform | 1. Umkehrung Quintsext-akkord | 2. Umkehrung Terzquart-akkord | 3. Umkehrung Sekund-akkord |

49

Übung 19

a) Bilde den D7 mit seinen Umkehrungen von A-dur und g-moll!

b) Bestimme, welche Form des D7 nachstehende Akkorde sind und von welcher Tonart der D7 abstammt!

z.B. D² von C-dur

von .... von .... von .... von ....

26. Die Kadenz

Die Hauptdreiklänge treten häufig zu feststehenden Formeln oder *Kadenzen* zusammen.

In den einfachsten Formeln verbindet sich die Tonika mit einem der anderen Hauptdreiklänge.

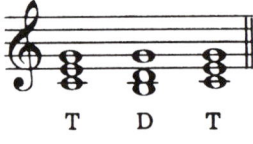

T D T

oder T S T

Oft bilden aber auch alle drei Hauptdreiklänge eine Akkordfolge, in der besonders klar die Tonart bestätigt wird.

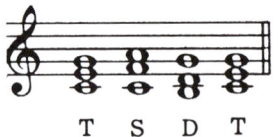

T S D T

Auf diese Akkordfolgen läßt sich die Begleitung vieler traditioneller Musikstücke zurückführen, und auch die Melodien setzen sich sehr oft aus den Tönen dieser Akkordfolgen zusammen. Folgendes Lied ist dafür ein gutes Beispiel:

Drun - ten im Un - ter - land da ist's halt fein.

Schle - hen im O ⋯ ber - land Trau - ben im Un - nter - land.

Drun - ten im Un - ter - land möcht i wohl sein.

In diesem Lied entsprechen Takt 1 bis 4 bis auf den Text genau den Takten 9 bis 12. Wir brauchen also nur die ersten 8 Takte genauer zu untersuchen. Dabei stellen wir fest, daß die Takte 1 und 5 nur aus den Tönen des Tonika-Dreiklangs bestehen (Takt 1 = 1. Umkehrung, Takt 5 = Grundform); Takt 2 wird von Grundton und Terz des Subdominant-Dreiklangs gebildet, während die Takte 3 und 7 sämtliche Töne des D7 enthalten. Takt 4 enthält zwar nur einen Ton; da dies aber der Grundton der Tonart ist, müssen wir ihn wohl der Tonika zuordnen. In den Takten 6 und 8 wird durch die am Anfang stehende punktierte Note erreicht, daß nur der 1. Ton (der auf dem ersten und auch noch in der ersten Hälfte des zweiten Pulsschlages erklingt) und der 3. Ton berücksichtigt werden müssen. Diese beiden Töne gehören aber im Takt 6 zum D7 und im Takt 8 zum Tonika-Dreiklang.

So ergibt sich:

Die Melodie des Volksliedes «Drunten im Unterland…» besteht fast nur aus den Tönen der Hauptdreiklänge, die den Kadenzen

T - S - D - T
(Takt 1 bis 4 und 9 bis 12) und

T - D(7) - T (Takt 5 bis 8)
angehören.

Diese Kadenzen können auch als Begleitung der Melodie dienen.

27. Die Modulation

Schwe - ster - lein, Schwe - ster - lein, wann geh'n wir nach Haus?

Früh, wenn die Häh - ne kräh'n, woll'n wir nach Hau - se geh'n.

Brü - der - lein, Brü - der - lein, dann geh'n wir nach Haus!

Vergleichen wir den Aufbau der Melodie dieses Liedes «Schwesterlein, wann gehen wir nach Haus?» mit dem von «Drunten im Unterland», so zeigen sich Übereinstimmungen, aber auch Unterschiede.

Übereinstimmung besteht im häufigen Vorkommen von Dreiklangstönen in der Melodie.

Unterschiede liegen in den verwendeten Dreiklängen:
Die Takte 1 und 2 bestehen aus den Tönen der Tonika von g-moll (2. Umkehrung); das g in den Takten 4 und 12, der Takt 9 sowie das häufige Vorkommen des Tons fis (Leitton!) bekräftigen, daß unser Lied in g-moll steht.

In den Takten 5 und 7 kommen aber die Töne des B-dur-Dreiklangs vor, und in den Takten 6 und 8 zielt die Melodiebewegung auf den Ton b, womit sich bestätigt, daß diese 4 Takte offensichtlich in der parallelen Dur-Tonart B-Dur stehen.

Unser Lied hat also drei Abschnitte, deren erster und dritter in g-moll, der 2. Abschnitt aber in B-dur steht. Ein solches Überwechseln in eine andere Tonart bezeichnen wir als *Modulation*. Man kann diesen Vorgang mit dem Ausweichen eines Zuges auf eine Nebengleis vergleichen.

In der Musik entsprechen den Gleisen zwei verwandte Tonarten.

Als *verwandte Tonarten* sind anzusehen:
1. die im Quintenzirkel benachbarten Tonarten (also Grundtonart und die auf dem Subdominant- bzw. Dominantton aufbauenden Tonarten);
2. Paralleltonarten (= Dur- und Moll-Tonarten mit *gleichem* Vorzeichen);
3. gleichnamige Tonarten (= Dur- und Moll-Tonarten mit gleichem Grundton).

In unserem Lied sind es g-moll und B-dur, also eine Moll-Tonart und ihre Durparallele.

Von Abschnitt zu Abschnitt fortschreitend haben wir nun das ABC der Musik kennengelernt.

Nun macht aber ein Notentext nicht nur Aussagen über Höhe und Länge der Töne, über die Tonart, aus der sie stammen, und über die harmonischen Verhältnisse in einem Stück.

Es gibt noch eine Reihe weiterer Hinweise, die der Notentext uns gibt.

1. Tempobezeichnungen

Wir haben die Länge der Töne durch das unterschiedliche Aussehen der Töne dargestellt. Die so fixierte Länge messen wir am Pulsschlag. Die unterschiedliche Länge der Töne ergibt den Rhythmus.

Nun ist die Länge der Pulsschläge aber auch nicht immer gleich. Die Pulsschläge eines Wanderliedes folgen schneller aufeinander als die eines Trauermarsches.

Damit der Ausführende ungefähr weiß, in welchem Abstand die Pulsschläge stehen sollen, schreiben die Komponisten an den Anfang des Stückes eine *Tempobezeichnung*. Diese Tempobezeichnungen stellen eine abgestufte Reihe von «sehr langsam» bis «sehr schnell» dar.

Dabei wäre von einem Mittelwert auszugehen, bei dem die Pulsschläge der Musik etwa den Abstand unseres eigenen Pulsschlages haben (etwa 80 pro Minute).

Dieses mittlere Tempo, vergleichbar auch mit einem ruhigen Schreiten, wird *Andante* genannt.

	Tempobezeichnung	Deutsche Bedeutung	Schläge des Metronoms in der Minute
langsamer	Grave	schwer, ernst	
	Lento	langsamer als Largo	40 - 60
	Largo	breit	
	Larghetto	etwas breit	60 - 66
	Adagio	langsam	66 - 76
	Andante	gehend	76 - 108
	Moderato	gemäßigt	108 - 120
schneller	Allegretto	mäßig bewegt	
	Allegro	heiter, lebhaft	120 - 168
	Vivace	lebhaft	
	Presto	schnell	168 - 200
	Prestissimo	sehr schnell	200 - 208

Um das Tempo noch genauer bestimmen zu können geben die Komponisten häufig eine *Metronomzahl* an (z.B. ♩ = 80).

Das *Metronom*, von Johann Nepomuk Mälzel Anfang des vorigen Jahrhunderts erfunden, besteht aus einem durch ein Federwerk in Bewegung gehaltenem Pendel, das beim Hin- und Herschwingen Knacklaute erzeugt, durch die die Zeit hörbar gegliedert wird.

entsprechend einstellt. Steht am Anfang eines Stückes ♩ = 80, so bedeutet das:

Stelle das Metronom so ein, daß es einen Pulsschlag von 80 Schlägen in der Minute angibt.

Man muß genau beachten, für welchen Notenwert die Metronomzahl gelten soll. Manchmal geben die Komponisten in langsamen Stücken das Tempo der ♪ an, während sich in schnellen Stücken die Zahl auf ♩ oder gar 𝅝. beziehen kann.

Im 6/8-Takt ist es üblich, die Schnelligkeit der halben Takte anzugeben, also z. B. ♩. = 80.

In der vorstehenden Tabelle sind die Metronomzahlen für die häufigsten Tempobezeichnungen angegeben.

Durch Zusätze können die Tempobezeichnungen näher bestimmt oder abgewandelt werden:

molto (sehr)
assai (sehr)
piu (mehr)
meno (weniger)
poco (etwas)
non troppo (nicht zu sehr)
con fuoco (mit Feuer)
appassionato
  (leidenschaftlich)
con brio (mit Feuer)
con moto
  (mit Bewegung).

Nach einer Zahlenskala kann am Pendel ein kleines Gewicht verschoben werden, wodurch sich die Geschwindigkeit der Pendelbewegung verändern läßt. Die Zahlen der Skala zeigen an, wieviel Knacklaute pro Minute zu hören sind, wenn man das Gewicht

Andere Bezeichnungen stehen für allmähliche Veränderung des Tempos.

Soll das Tempo *schneller* werden, so steht:

    accelerando = beschleunigend
    stringendo = drängend
    piu mosso = bewegter
    piu animato = belebter

Soll das Tempo *langsamer* werden, benutzt man:

ritardando = verzögernd
ritenuto = zurückgehalten
allargando = breiter werdend
meno mosso = weniger bewegt

Soll nach einer Tempoveränderung das ursprüngliche Tempo wiederhergestellt werden, so wird dies durch «a tempo» oder «tempo primo» angegeben.

Schließlich müssen wir in diesem Zusammenhang noch die *Fermate* erwähnen:

Dieses Zeichen bedeutet, daß die Note oder die Pause etwas länger gehalten werden soll, als es ihrem Wert entspricht. Für einen Augenblick, dessen Länge im Ermessen des Spielers steht, bleibt also der Pulsschlag stehen.

2. Vortragsbezeichnungen für die Tonstärke (Dynamik)

Auch die Lautstärke ist für die richtige Interpretation von Musik von Bedeutung. Kann sich doch durch eine falschgewählte Lautstärke der Charakter eines Stückes völlig verändern: ein Tanz, der zart und graziös sein soll, kann durch zu große Lautstärke plump und polternd wirken.

a) Die *Lautstärkebezeichnungen* stehen in einer gestuften Reihe:

pp (pianissimo) = sehr leise
p (piano)   = leise
mp (mezzopiano) = halbleise
mf (mezzoforte) = mittellaut
f (forte)   = laut
ff (fortissimo) = sehr laut

Gelegentlich erweitern Komponisten die Skala der Lautstärkenbezeichnungen:
sie verlangen, so leise oder so laut wie nur möglich zu spielen, und zeigen durch das Hinzufügen weiterer Buchstaben die Lautstärkenbezeichnung an (z.B. fff oder ppppp);

sie verwenden andere Bezeichnungen, die in ihrer Bedeutung bestimmten Lautstärkebezeichnungen gleichzusetzen sind; z.B. «dolce», das etwa p, und «mezza voce», das etwa mp entspricht.

b) Allmähliche Veränderungen der Lautstärke werden angezeigt durch:

cresc. (crescendo) oder
= lauter werdend,

decresc. (decrescendo)
dim. (diminuendo) oder
= leiser werdend.

In den beiden Fällen wird gewöhnlich das Zeichen ⸺ oder ⸺ für geringere Unterschiede und kürzere Zeiträume,
die Abkürzung für stärkere Unterschiede, die über mehrere Takte hinweggehen benutzt.

c) Eine Reihe weiterer Zeichen dient zur Betonung einzelner Töne, so z.B.:

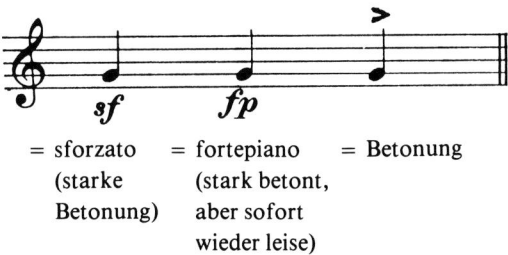

= sforzato   = fortepiano   = Betonung
(starke   (stark betont,
Betonung)   aber sofort
               wieder leise)

3. Die Artikulation

Der Begriff «Artikulation» meint ursprünglich die Genauigkeit der Lautbildung und der Aussprache und hat in diesem Zusammenhang auch für alle gesungene Musik — vom Volkslied bis zur Arie — eine Bedeutung. Aber auch in der Instrumentalmusik benutzen wir den Begriff «Artikulation».

So wie wir beim Sprechen die einzelnen Silben verbinden oder durch kleine Pausen trennen können, gibt es auf jedem Instrument unterschiedliche Möglichkeiten, einen Ton hervorzubringen.

Die normale Ausführung dürfte das *non legato* sein, bei dem die Töne zwar nicht voneinander getrennt sind, aber auch nicht versucht wird, sie besonders eng miteinander zu verbinden.

Bei Streichern wird bei jedem Ton der Strich gewechselt, bei Bläsern jeder Ton leicht angestoßen.

Im Notenbild erscheint für diese Ausführungsart kein besonderes Zeichen.

Soll nun jeder Ton *sehr kurz* gespielt werden, so daß zum nächsten Ton eine kleine Pause entsteht, so müssen über den Noten Punkte stehen:

Wir bezeichnen dies als *staccato*. Soll umgekehrt zwischen zwei Tönen möglichst kein Zwischenraum bestehen, was bei den Streichern etwa dadurch erreichbar ist, daß mehrere Töne auf einen Bogenstrich kommen, (bei Bläsern auf einen Atem), so zeigt man das durch einen *Bindebogen* an:

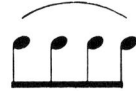

Man spielt *legato*.

Eine Mittelstellung zwischen «legato» und «non legato» nehmen Töne ein, die mit

bezeichnet sind.

Diese Vortragsart, bei der die Unterbrechungen zwischen je zwei Tönen so gering sein sollen, daß der Tonstrom kaum unterbrochen wird, nennen wir *portato*.

Es sei allerdings darauf hingewiesen, daß sich für Streicher hier Unterschiede in den Bezeichnungen ergeben können:

bedeutet meistens: staccato auf einen Bogenstrich, während portato mit

gekennzeichnet wird.

Ebenfalls kann der Brauch von Komponisten und Herausgebern, Sinnzusammenhänge, also formale Bezüge, durch Bogen zu bezeichnen, Verwirrung stiften.

Unter einen solchen Bogen, der sich in nichts vom Bindebogen unterscheidet, können sowohl gebundene als auch gestoßene Töne stehen.

Soll während eines längeren Abschnitts eine dieser Grundvortragsarten beibehalten werden, kann der Komponist auf ein Zeichen verzichten und seine Absicht durch einen Wortzusatz angeben.

So kann für ein ständig abgestoßenes Spiel stehen:

staccato oder *sempre staccato*:

bei gleichzeitig geforderter geringer Lautstärke auch:

leggiero.

Entsprechend steht für ständig gebundes Spiel auch:

sostenuto,

für einen einzelnen angehaltenen Ton $\overset{ten}{\text{♩}}$ = tenuto oder einfacher ♩.

1. Die erste Form der Abkürzung, die wir betrachten wollen, entsteht dadurch, daß der Komponist die Schreibarbeit spart, wenn sich bestimmte Teile seines Stückes wiederholen.

Nehmen wir als Beispiel einen Ausschnitt aus einem Menuett von Johann Sebastian Bach:

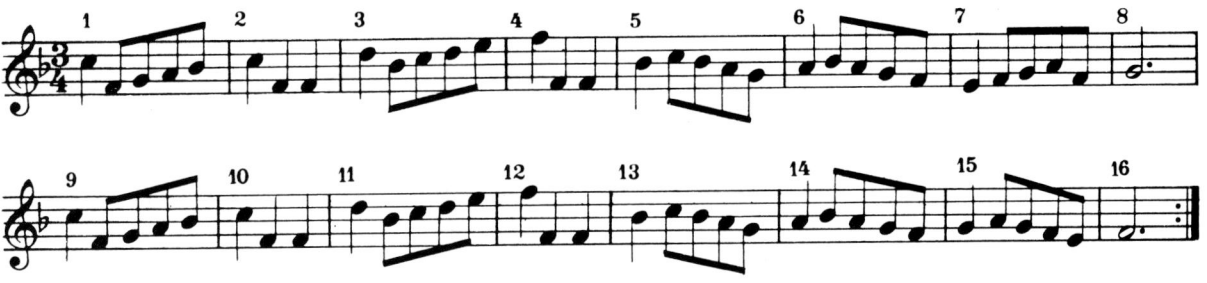

Das Zeichen am Ende, das *Wiederholungszeichen*, bedeutet, daß der gesamte Abschnitt noch einmal wiederholt werden soll.

Betrachten wir die Melodie genauer, so zeigt sich, daß die Takte 9 bis 14 mit den Takten 1 bis 6 übereinstimmen. Man könnte deshalb — wenn man hier nur die Melodie betrachtet und auf die Begleitung keine Rücksicht nimmt — die Schreibung noch weiter vereinfachen:

Hier muß zunächst bis zum Wiederholungszeichen gespielt werden (entspricht im 1. Beispiel den Takten 1 bis 8), dann beginnt man von vorne, läßt jetzt aber die unter Klammer 1. stehenden Takte weg und spielt an ihrer Stelle das, was unter der zweiten Klammer 2. steht (entspricht den Takten 9 bis 16).

Soll nun wie beim ersten Beispiel der ganze Abschnitt noch einmal ganz wiederholt werden, muß man an das Ende «D.C.» schreiben; das bedeutet «Da capo» = von Anfang an wiederholen.

Soll sich das Wiederholungszeichen auf einen Abschnitt beziehen, der nicht am Anfang beginnt, so muß er von zwei Wiederholungszeichen, deren Punkte gegeneinandergekehrt sind, eingeschlossen werden; z.B.:

Auch für das Zeichen «D.C.» gibt es noch eine weitere Verwendungsmöglichkeit.

Nehmen wir als Beispiel das Lied «Drunten in Unterland», das wir auf Seite 51 im Notenbild kennengelernt haben. Gehen wir auch hier nur von den Melodietönen aus, so wäre folgende Schreibweise möglich:

«D.C. al Fine» bedeutet:

Beginne von vorne und spiele bis an
die Stelle, die durch das Wort Fine
(= Ende) gekennzeichnet ist.

Befolgt man diese Anweisung, so erklingt aus unserer verkürzten
Schreibweise die gleiche Melodie,
wie sie auf Seite 51 notiert ist.

Auch hierbei ist der Beginn der
Wiederholung an einer beliebigen
Stelle des Stückes möglich.

Man schreibt dann: «D.S. 𝄋 »
(= dal segno — vom Zeichen an)
und setzt das Zeichen 𝄋 an die
Stelle, an der die Wiederholung
beginnen soll.

2. Doch nicht nur die Schreibarbeit
an sich wiederholenden größeren
Abschnitten eines Stückes läßt sich
einsparen.

Sehr oft wiederholen sich Figuren —
besonders in der Begleitung:

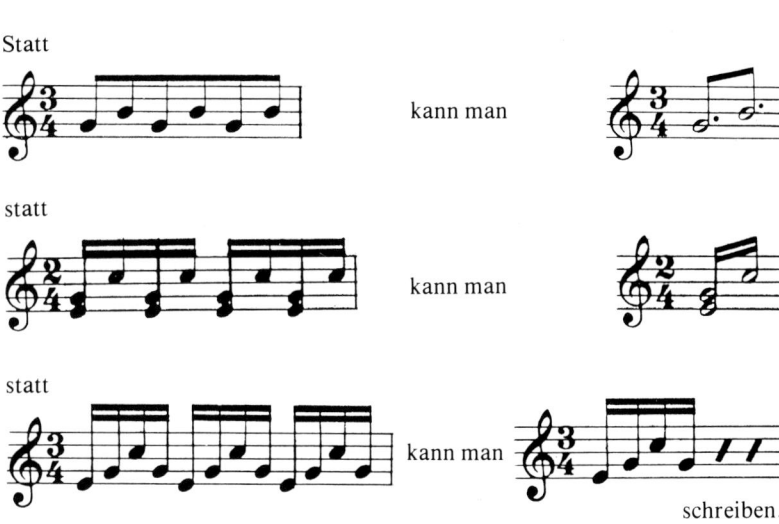

Statt ... kann man ...

statt ... kann man ...

statt ... kann man ... schreiben.

Die notengetreue Wiederholung eines
ganzen Taktes kann man anzeigen
durch:

Und die besonders in Streicher-
stimmen häufigen schnellen Ton-
wiederholungen:

können vereinfacht geschrieben werden:

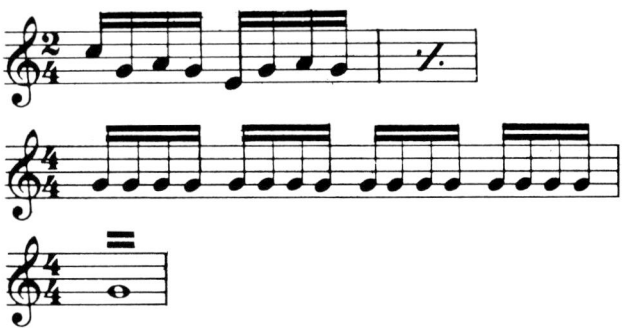

3. Abkürzungen anderer Art sind die *Verzierungszeichen*.

Durch sie wird das Ausschreiben von oft aus sehr vielen Tönen bestehenden Ausschmückungen eines Tones eingespart.

a) Der *Triller* besteht aus einem raschen Wechsel der aufgeschriebenen Hauptnote mit der oberen Wechselnote.
Oft schließt der Triller mit einem *Nachschlag,* einem Ausweichen auf die untere Wechselnote, der in der Regel durch kleine Noten angegeben wird.

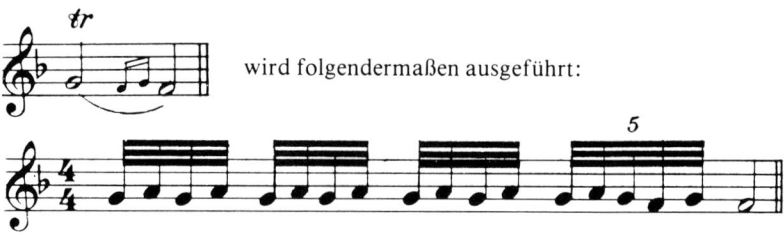

wird folgendermaßen ausgeführt:

Soll der Triller mit der Nebennote beginnen, so wird diese als kleine Note vor die Hauptnote geschrieben:

bedeutet:

Soll die Nebennote einen anderen Abstand haben, als ihn die Tonleitertöne vorschreiben, so wird dies durch ein über das Trillerzeichen gesetztes Versetzungszeichen angegeben:

bedeutet:

Auch ein Beginn des Trillers mit der
unteren Nebennote ist möglich.

Für den Triller:

kann stehen:

oder   oder

b) Eine Verzierung mit nur einem Trillerschlag ist der *Pralltriller*. Sein Zeichen
ist

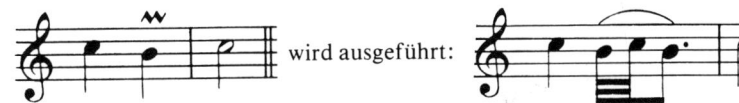

wird ausgeführt:

Soll der eine Trillerschlag nach unten gehen, so wird das Zeichen   =
mordent gesetzt.

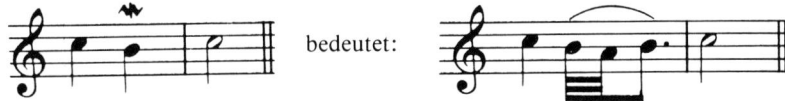

bedeutet:

c) Dem Triller verwandt ist der *Doppelschlag*. Sein Zeichen   ist ein
graphisches Symbol für den melodischen Verlauf der Verzierung.

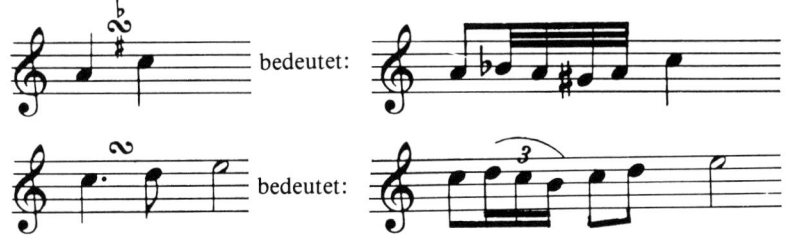

bedeutet:

bedeutet:

Wie aus den Beispielen zu ersehen ist,
wechselt mit der Hauptnote die obere
und untere Nebennote ab. Veränderungen der oberen Nebennote werden
durch Versetzungszeichen über, der
unteren Nebennote unter dem Zeichen
angegeben.

d) Der *lange Vorschlag* ist eine besonders in älterer Musik vorkommende abgekürzte Schreibweise.

Die durch kleine Noten bezeichneten Vorschläge setzen *auf* dem Pulsschlag mit dem vollen Wert ein. Die Betonung geht auf die Vorschlagsnote über.

Die groß geschriebenen Noten werden um den Wert der Vorschlagsnote gekürzt. Obiges Beispiel ist also so auszuführen:

Der lange Vorschlag kann aus mehreren Tönen bestehen:

e) Beim *kurzen Vorschlag* ist die Fahne der kleinen Note durchgestrichen:

Hier behält die große Note ihren Platz auf dem Pulsschlag und damit ihre Betonung.

Die Vorschlagsnote ist so kurz wie möglich vor der Hauptnote zu spielen.

Lösungen der Übungsaufgaben

Übung 1

a)

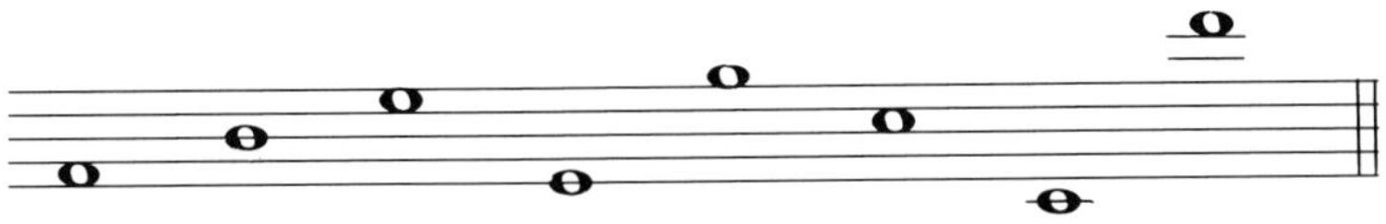

b)

auf der 4. Linie / auf der 2. Linie / unter der 1. Hilfslinie unter dem Liniensystem / im 2. Zwischenraum / auf der 1. Hilfslinie über dem Liniensystem / auf der 5. Linie / unter der 1. Linie / auf der 2. Hilfslinie unter dem Liniensystem.

Übung 2

$\frac{3}{2}$ = 3 Pulsschläge im Takt, jeder Schlag = halbe Note

$\frac{2}{4}$ = 2 Pulsschläge im Takt, jeder Schlag = Viertelnote

$\frac{9}{8}$ = 9 Pulsschläge im Takt, jeder Schlag = Achtelnote

Übung 3

— — —

Übung 4

a)

b)

c)

d)

Übung 5

a)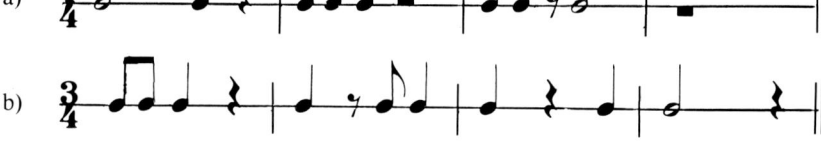

b)

Übung 6

a) — — —

b) c'' , h , f' , g'' , h' , e''' , a'' , e' , d'' , h'' .

c)

d)

f c C G <u>H</u> h A D

a)

b)

a)

gis', dis'', fis'', as', es'', des', b', ges'', cis''', ais''.

b)

1 - 5 - 1 - 3 - 1 - 3 - 1 - 8 - 1 - 2 - 1 - 2 - 1 - 2 - 1 - 1 - 1 - 4 - 4 - 2 - 1 - 2 - 2 - 1 - 2 - 2 - 2 - 2 - 2

g3 - k2 - k3 - r5 - g3 - g2 - g6 - r4 - k7 - g3

a)

b)

Übung 11

a)

b)

G-dur:	1 ♯	As-dur:	4 ♭	H-dur:	5 ♯
Ges-dur:	6 ♭	Es-dur:	3 ♭	D-dur:	2 ♯
F-dur:	1 ♭	C-dur:	0	Fis-dur:	6 ♯

Übung 12

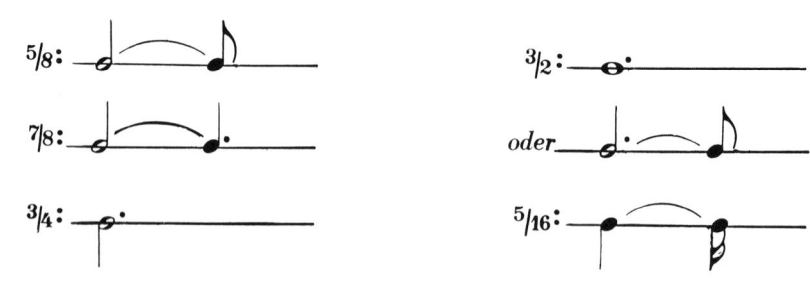

Übung 13

a) 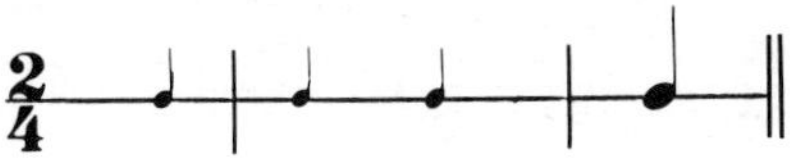 b) 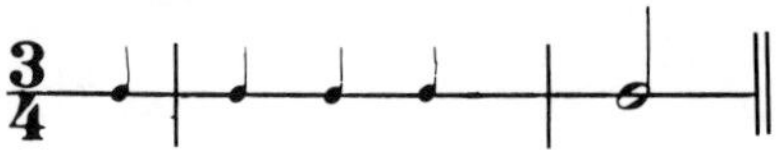

c) 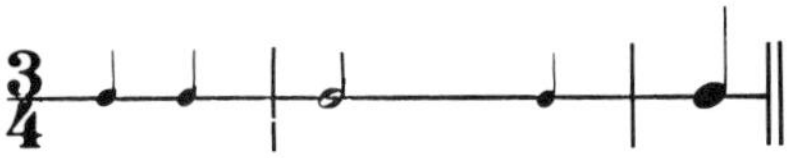 d) 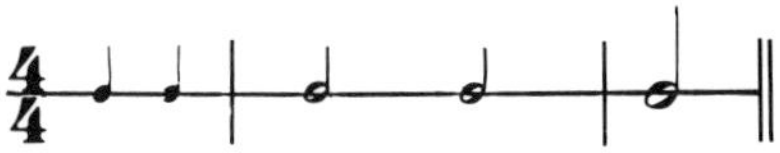

e) 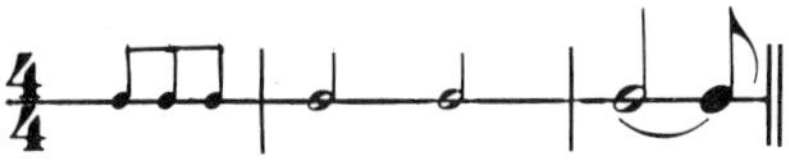 f) 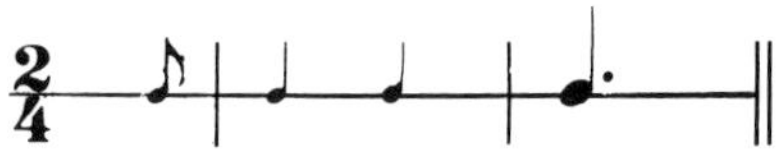

Übung 14

a) 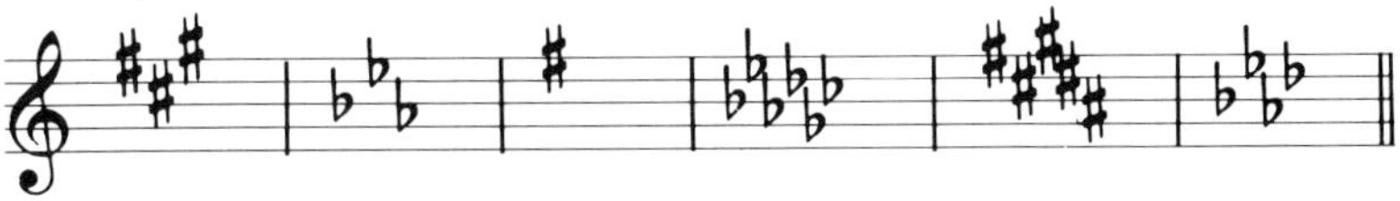

b) d: F-dur, b: Des- dur, h: D-dur, g: B- dur, cis: E-dur, dis: Fis-dur.

Übung 15

a) 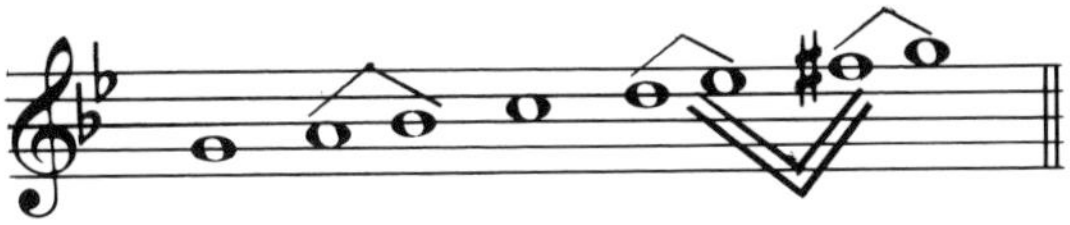

b) 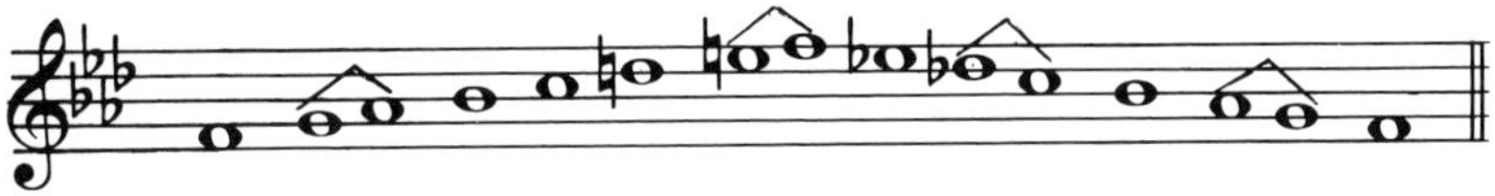

c) 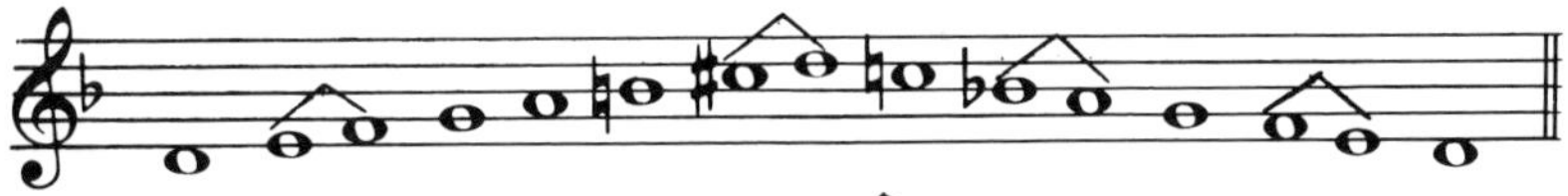

d) 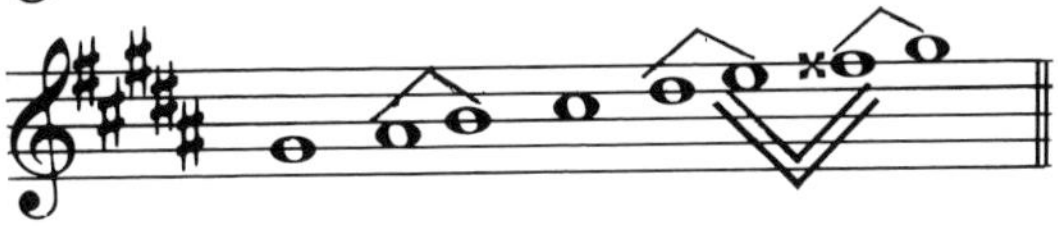

Übung 16

a) 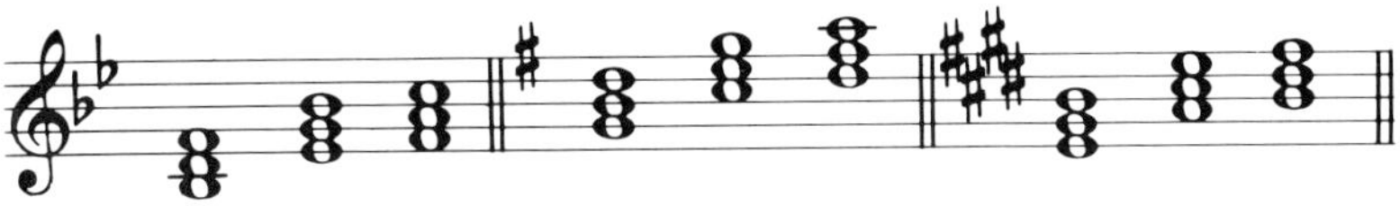

T S D T S D T S D

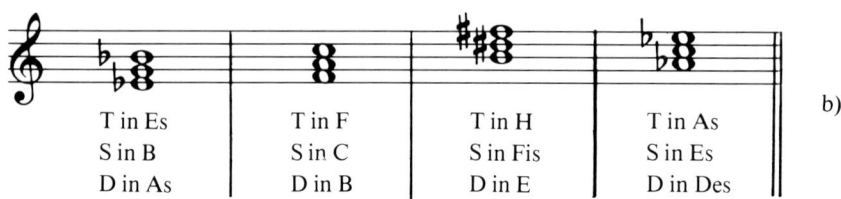

T in Es	T in F	T in H	T in As
S in B	S in C	S in Fis	S in Es
D in As	D in B	D in E	D in Des

b)

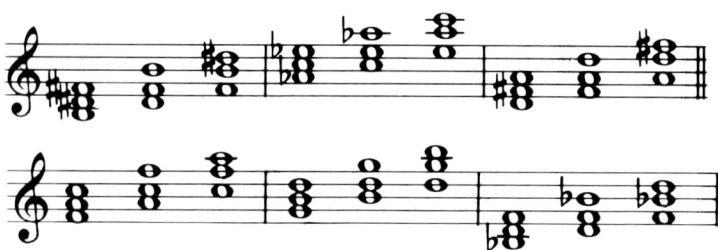

Übung 17

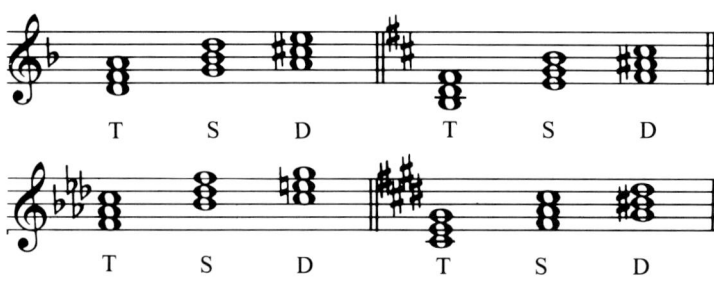

Übung 18

a)

b)

moll - dur - moll - dur - dur - moll - moll - dur

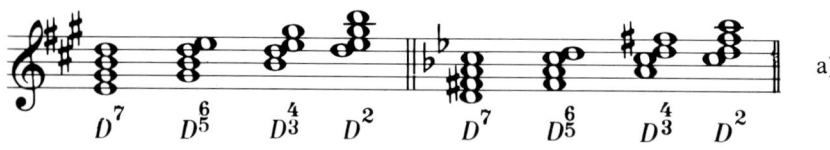

Übung 19

a)

$D\frac{4}{3}$ von D-dur / $D\frac{6}{5}$ von B-dur / D^2 von Des-dur / D^7 von E-dur.

b)

Eine Auswahl aus unserem Buchprogramm

Rainer Baumann
Rock-Harmonielehre
ISBN 3-921729-27-0
ZM 26170
Eine praxisnahe Hilfestellung beim Selbststudium, aber auch Unterrichtsmaterial für den Musiklehrer, in dem Vielfalt und „Ungebundenheit" der Rockmusik und ihrer harmonischen Abläufe erklärt werden.

Mark Andreas Giesecke
Clever üben, sinnvoll proben, erfolgreich vorspielen.
Für Amateure, Musikstudenten und Profis -
Für Instrumentalisten, Sänger sowie Chor- und Orchesterleiter - Zur Vorbereitung von Wettbewerbs- und Prüfungsvorspielen, Studioproduktionen und Konzerten.
ISBN 3-921729-72-6
ZM 00026

Linda Langeheine
Üben mit Köpfchen
Mentales Training für Musiker
ISBN 3-921729-52-1
ZM 00020
In ihrem Buch beschreibt die Autorin neue Techniken, die zu einem effektiveren Üben und zu einem entspannten Spiel führen sollen.

Linda Langeheine
Üben? - Und wie!?...
Die Übefibel mit Tipps und Tricks für ein besseres Üben.
ZM 33040
Für Kinder ab 10 - 12 Jahren, aber auch für Erwachsene.

Arnold Möller
Elementare Musiktheorie und Gehörbildung.
Mit Aufgaben für den Selbstunterricht.
ISBN 3-921729-20-3
ZM 24750
Für Musikschüler, Lehrer, Chorerzieher.
Ziel: Eine sichere musikalische und intellektuelle Beherrschung des Stoffes bis zur Hochschulaufnahmeprüfung.

Wil Offermans
Improvisations-Kalender
ISBN 3-921729-59-9
ZM 31950
Für jede Woche des Jahres ein Blatt mit einer zur Improvisation anregenden Graphik.
Für alle Instrumente oder auch die Stimme.

Gordon & Robina Spearritt
Lass dir keine Note mausen!
Musiktheorie für Kinder mit der Musikmaus.
3 Hefte:
ZM 33580, 33590, 33600
Lösungsheft:
ZM 33610
(Coproduktion mit Allans Publishing)
„Learning by doing": Die Kinder sollen freie Felder ausfüllen, Strichbilder fertig zeichnen, Geschichten vollenden, Kreuzworträtsel lösen usw..
Begleitet werden die Aufgaben von der entzückend gezeichneten „Musikmaus".

Konrad Georgi
Grundwissen Musiktheorie

Band I: Harmonielehre
Akkordlehre, elementare Satz- und Harmonisationstechniken
ZM 65001

Band II: Übungsbuch
Analysen, Satzaufgaben, Lösungsvorschläge
ZM 65002

Band III: Klavierpraxis
Kadenz-, Sequenz und Transpositionsübungen
ZM 65003

Band IV: Gitarrenpraxis
Kadenzen, Sequenzen
(zusammen mit Gerald Bork)
ZM 65004

Die Reihe „Grundwissen Musiktheorie" wendet sich an Leser, die sich gründlich und kompakt im Rahmen eines Musikstudiums bzw. eines Leistungskurses über musiktheoretische Inhalte informieren möchten. Inhaltlich zeigt die Reihe einen stringenten Weg von den Elementarkenntnissen zu anspruchsvollen alterierten Akkorden, unterstützt durch eine reichhaltige Sammlung schriftlicher und praktischer Aufgaben. Diese eignen sich durch die mitgelieferten Lösungsvorschläge auch hervorragend zum Selbststudium.

Konrad Georgi, geb. 1963, studierte Schulmusik, sowie Jazz- und Popularmusik an der Hochschule für Musik und Darstellende Kunst, Frankfurt am Main. Er hat Lehraufträge für Musiktheorie, Tonsatz und Arrangement in Mainz und Frankfurt und ist außerdem als Pianist, Keyboarder und Arrangeur tätig.

Die Bücher „Grundwissen Musiktheorie" sind das Ergebnis seiner jahrelangen Lehrtätigkeit und wurden in mehreren Semestern intensiv getestet.